Petite histoire de la Chine

Chez le même éditeur :

- *Comprendre l'hindouisme*, Alexandre Astier
- *Le christianisme*, Claude-Henry du Bord
- *La philosophie*, Claude-Henry du Bord
- *Marx et le marxisme*, Jean-Yves Calvez
- *L'histoire de France*, Michelle Fayet
- *Les mythologies*, Sabine Jourdain
- *La littérature française*, Nicole Masson
- *Histoire du Moyen Âge*, Madeleine Michaux
- *Histoire de la Renaissance*, Marie-Anne Michaux
- *Histoire du XXe siècle*, Dominique Sarciaux
- *Comprendre le protestantisme*, Geoffroy de Turckheim

Xavier Walter

Petite histoire de la Chine

EYROLLES

Éditions Eyrolles
61, Bd Saint-Germain
75240 Paris Cedex 05
www.editions-eyrolles.com

Mise en pages : Istria

 Le code de la propriété intellectuelle du 1ᵉʳ juillet 1992 interdit en effet expressément la photocopie à usage collectif sans autorisation des ayants droit. Or, cette pratique s'est généralisée notamment dans les établissements d'enseignement, provoquant une baisse brutale des achats de livres, au point que la possibilité même pour les auteurs de créer des œuvres nouvelles et de les faire éditer correctement est aujourd'hui menacée.

En application de la loi du 11 mars 1957, il est interdit de reproduire intégralement ou partiellement le présent ouvrage, sur quelque support que ce soit, sans autorisation de l'éditeur ou du Centre Français d'Exploitation du Droit de Copie, 20, rue des Grands-Augustins, 75006 Paris.

© Groupe Eyrolles, 2007
ISBN 978-2-212-53872-4

Sommaire

Sommaire 5

Avant-propos 7

Chapitre 1 : Préhistoire 13

Chapitre 2 : Du mythe à l'histoire 21

Chapitre 3 : Naissance de la pensée chinoise 33

Chapitre 4 : Le Premier Empire : Qin, Han, Xin, Han 49

Chapitre 5 : Le « Moyen Âge » (220-589) 65

Chapitre 6 : Les Tang (618-907) 71

Chapitre 7 : Les Song (960-1279) 87

Chapitre 8 : Les Yuan (1279-1368) 105

Chapitre 9 : Les Ming (1368-1644) 111

Chapitre 10 : Les Qing (1644-1912) 129

Chapitre 11 : La Chine sans Empereur 153

Chapitre 12 : « Dix mille années », ou cent siècles Han 171

Index des noms de personnes 177

Pour aller plus loin 193

Table des matières 197

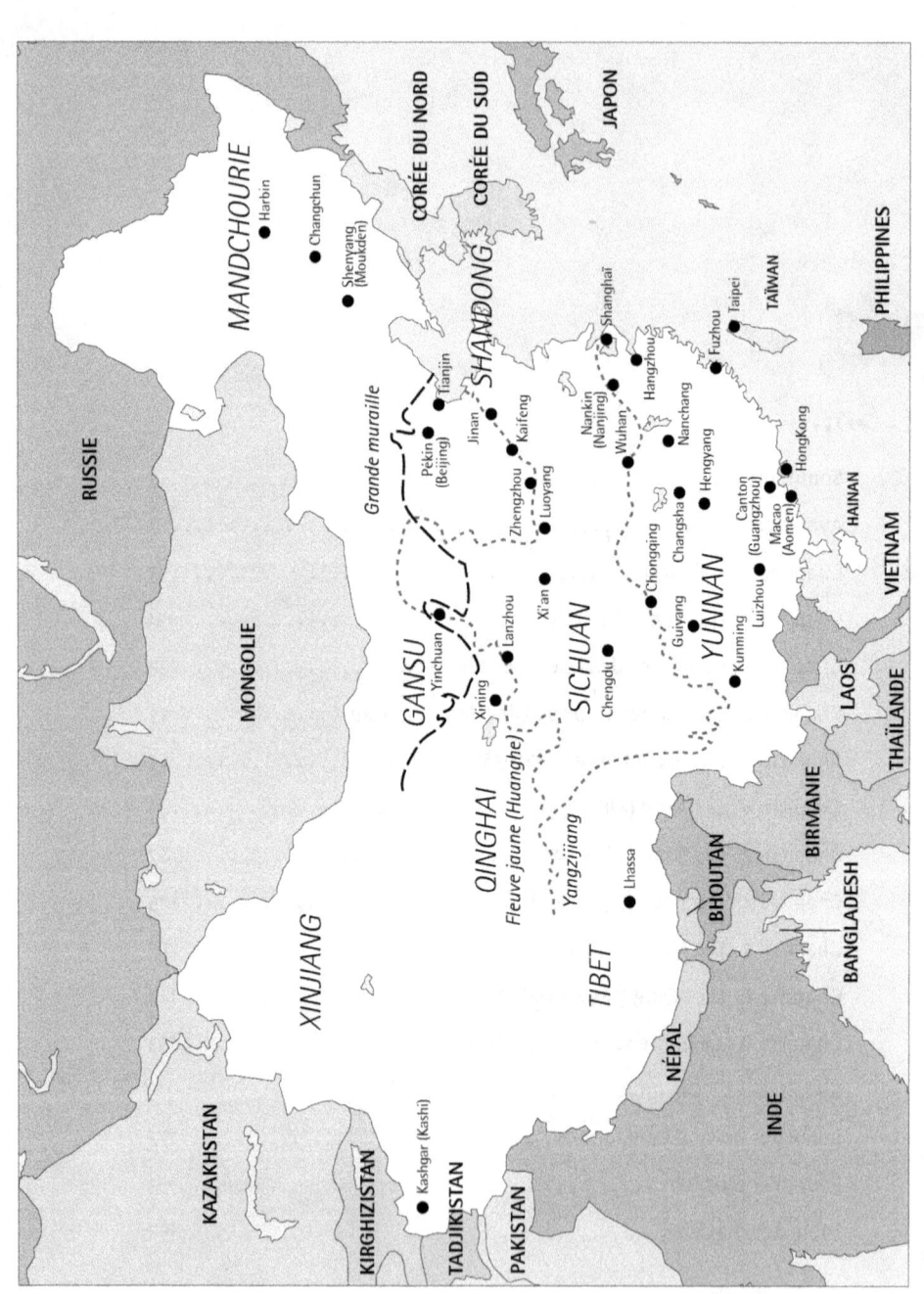

Avant-propos

S'adressant, en 1793, à l'ambassadeur britannique Macartney, le père Joseph Amiot, jésuite français à Pékin depuis plus de 40 ans, l'avise : « Vous êtes, Milord, dans un pays qui est une espèce de monde renversé pour tout Européen non exercé. On ne saurait faire la moindre affaire sans éprouver des obstacles de tous les genres. Mais, avec beaucoup de patience, on vient à bout de tout. »

La Chine voit-elle noir ce que nous disons blanc ? La différence est psychique. Nous disons : « Je pense donc je suis » ; le Chinois sent qu'il existe, devine les choses et, si besoin est, calcule ce qu'il va faire. Il est empirique, affectif. Gou Hongming écrivait, en 1915, que le rapport de ses compatriotes au monde et aux autres était « le produit de la combinaison de la sympathie et de l'intelligence ».

Le cœur, *xin*, est pour les Chinois siège de l'esprit et de la pensée, il joue un rôle déterminant dans leurs rapports au monde. Cette formule a 2000 ans : « Changement des mœurs, modification des coutumes, n'est-ce pas le cœur qui seul les réalise ? Comment l'arsenal des lois et des châtiments suffirait-il à y parvenir ? » Cœur, sympathie, confiance, amèneront le Chinois à établir spontanément un contact sans restriction mentale, s'il sait la rencontre sans lendemain. S'il s'agit au contraire du premier pas d'un échange appelé à durer, il aura la sagesse (taoïste ?) de laisser les liens se tisser lentement.

Cette appréhension du monde détermine encore largement la cohésion sociale de la Chine qui croit vivre dans un univers en flux continuel, sans créateur, et dont la piété filiale (la soumission du sujet à son souverain, du fils à son père, du cadet à son aîné) garantit la continuité et maintient l'ordre. Cette piété hiérarchisante s'étend à tous les rapports sociaux et garantit des liens durables, avec leur dose variable de morale et de chantage. Tout en Chine commande son inévitable contraire. La nécessité du mouvement et de l'action prompte à saisir – dit encore *jiao yi* : le « moment où faire du commerce » – répond à cette inébranlable hiérarchie et n'est pas de peu de poids dans le comportement primesautier qu'affectionnent les Chinois.

La civilisation mère de l'Asie extrême-orientale

Si la Chine du XXe siècle a souvent cherché à répudier Confucius, il demeure très présent chez les Chinois du XXIe. Ce grand moraliste prêchait piété filiale et soumission aux rites, car l'une et l'autre concourent à l'harmonie de la société et de l'univers. Cela ne fige pas pour autant ce peuple industrieux. Grande est la capacité des Chinois à évoluer dans la continuité. Pour tenter de les comprendre, il faut se convaincre de l'originalité de leur pensée, de leur mentalité ; du poids que pensée et mentalité traditionnelles exercent sur leur comportement. On se rappellera qu'il s'agit là des fondements psychologiques et moraux de la civilisation mère de l'Asie extrême-orientale qui a une longue histoire, et souvent prodigieusement imaginative.

La tradition chinoise peut sembler s'être figée durant les derniers siècles de l'Empire. Or, elle est hostile à l'« immobilisme » que représente la notion de loi, constitutionnelle ou scientifique, qui fixe, et donc dénature ce qui est mouvement perpétuel. La société chinoise traditionnelle est réglée, non par un système légal, mais par une éthique intériorisée : chacun doit « sentir » ce qu'il peut et ne peut pas faire. La morale qui prime le légal y justifie la place primordiale que tient l'instruction. « La loi est pour le méchant homme, l'homme de bien observe les rites. » Cette liturgie s'enseigne, s'apprend. Le peuple chinois reste ainsi « régulé ». Jusqu'à quand ? La Chine n'est pas, en raison de sa masse, à la veille de devenir un monde où tout est compté et codifié. « Pour les peuples en devenir, il n'y a pas de raccourcis », disait l'écrivain Lu Xun pourtant marxisant. Peut-elle échapper à une mutation radicale ? La question sort de l'objet de cet ouvrage qui veut offrir un bref tableau de millénaires écoulés.

À l'épreuve de la modernité

Pour l'heure, la Chine conserve l'image d'une puissance intrinsèquement originale. Cela ne va pas sans incertitudes. Elle subit un processus d'acculturation *via* la modernisation ; elle est en proie à une destructuration sociale forte qu'accentuent les effets de sa démographie malthusienne. Menacée aujourd'hui par le chômage, elle peut souffrir demain du manque de main-d'œuvre. Parviendra-t-elle à digérer la modernité et à rester elle-même ? Il faut parier sur la *sinité*, ou bien la Chine ne serait plus la Chine. Y a-t-il des signes qu'elle veuille demeurer la Chine ? Elle entretient son patrimoine, veille sur l'usage de sa langue, se penche sur son histoire – lointaine histoire et problématique histoire récente ; les sanctuaires bouddhistes et taoïstes retrouvent des fidèles par millions. Au plan politique, elle connaît une poussée de nationalisme, mais n'est pas agressive. Pour ses dirigeants, le monde compte quelques grands pôles. La Chine est l'un d'eux et nul n'a à lui dicter ce qu'elle doit faire. Si nous voulons comprendre ce que cette conviction recouvre, nous qui croyons que notre démocratie, nos droits de l'homme, notre économie de marché, sont les seules voies possibles du progrès dans la liberté, il faut nous pencher sur la Chine dont l'histoire a culturellement pesé si lourd sur celle de ses voisins et de qui l'on peut tout attendre. « Nous sommes assez grands pour lancer des vagues de révolutions, mais le sommes aussi pour trouver des compromis et en revenir à des modes éprouvés de gouvernement », écrivait Lin Yutang, dans les années 1930. Il voyait l'avenir, se gardant toutefois, en bon Chinois, de préciser les délais de ses prédictions.

Chronologie sommaire

Dates de constitution des dynasties

A. Dans la vallée moyenne du Huanghe, notamment

Unité légendaire puis semi-historique

Les Trois Augustes et les Cinq Empereurs
- – 2205   dynastie Xia
- – 1766   dynastie Shang
- – 1121   dynastie Zhou

B. Dans les « limites classiques » du pays (vallées moyennes et basses du Huanghe et du Yangzijiang, Shandong, plaine médiane)

Chine divisée

- – 722   Les Printemps et les Automnes
- – 453   Les Royaumes combattants

C. Des « *limites classiques* » aux frontières actuelles

Chine unifiée

- – 221   dynastie Qin
- – 206   dynastie Han occidentaux
- 9-25   dynastie Xin
- 27   dynastie Han orientaux

Chine divisée

- 220   « Trois Royaumes » : Wei, de la Muraille au Yangzi ; Wu, au sud du Yangzi ; Shu, Sichuan, et routes à travers le Yunnan
- 265   dynastie Jin (unité quelques années)
- 304   « Six Dynasties » (sud du fleuve Jaune) et « Cinq Barbares » (nord)

Chine unifiée

- 589   dynastie Sui
- 618   dynastie Tang
- 690-705   dynastie Zhou de l'impératrice Wu
- 706   dynastie Tang

Chine divisée

- 907   « Cinq Dynasties » et « Dix Royaumes »
- 907   dynastie Liao (Nord)
- 960   dynastie Song (Nord et Sud, moins royaume Liao)
- 1032   dynastie Xixia (Nord)
- 1115   dynastie Jin (Nord)
- 1126   dynastie des Song du Sud
- 1234   dynastie Yuan (Nord)

Chine unifiée

- 1279   dynastie Yuan
- 1368   dynastie Ming
- 1644   dynastie Qing

Chine divisée

- 1912   République de Chine

Chine unifiée

- 1949   République populaire : ère Mao Zedong
- 1979   ère Deng Xiaoping

//Chapitre 1

Préhistoire

D'où viennent les Chinois ? Diverses légendes chinoises relatent création du monde et création des hommes. Celle de Pangu – « l'ancien replié sur soi » – dit qu'avant que toute chose existât, un œuf contenait un homme, Pangu. L'œuf se brisa. Sa partie supérieure forma le Ciel, sa partie inférieure, la Terre. Pangu avait les pieds sur la Terre et soutenait le Ciel de ses bras. Il se mit à grandir et, pendant 18 000 ans, en même temps que le Ciel et la Terre, crût chaque jour de dix pieds, puis mourut. Le mouvement s'arrêta à sa mort. Les hommes sont les parasites qui peuplaient son corps. Il y a d'autres légendes, il leur arrive de se contredire. L'une rapporte que la légendaire Nagua (ou Nugua), femme de Fuxi, premier des « Trois Augustes », fabriqua le premier homme avec de la terre jaune d'après sa propre image vue dans une mare. Une autre fait de l'« Empereur jaune », Huangdi, premier des « Cinq Souverains » pourtant postérieurs aux « Augustes », l'ancêtre des Chinois en ceci qu'il sépara les deux sexes l'un de l'autre. Les penseurs de l'Antiquité chinoise estimaient que le monde et la vie n'ont pas de commencement et ont revêtu l'aspect que nous leur connaissons, non par un acte créateur extérieur au monde, mais à la suite d'un « big bang » : division ou différenciation de l'unité primitive, qui a pour auteur la nature elle-même, illimitée et en éternel changement, cette « mutation » étant sa seule constante.

Préhistoire chinoise

La présence de l'homme est attestée en Chine depuis 1 700 000 ans. On a trouvé au pied de l'Himalaya des traces de pithécanthropiens de plus de 2 millions d'années ; on ne saurait parler d'humains.

Le paléolithique

Parmi les découvertes les plus intéressantes, on peut distinguer dans les années 1980 celles de l'« homme de Yuanmou » (Yunnan) daté de 1 700 000 ans et de l'« homme de Lantian » (Shenxi), archanthropien plus ancien que le sinanthrope ou « homme de Pékin », découvert en 1929 à Zhoukoudian (Hebei), et daté de 400 000 ans. Des traces d'activité humaine datées de 2 500 000 ans ont été relevées dans l'Anhui : il s'agit d'animaux piégés et découpés au moyen d'outils rudimentaires. La découverte en 1995, dans la grotte de Longgupo (Sichuan), d'outils très primitifs et d'une mandibule datée de 1 800 000 ans confirme la très ancienne présence d'ancêtres des Chinois dans ces régions. Des outils datés de 800 000 ans ont été exhumés dans le Guangxi, témoignant d'un degré d'avancement inattendu à une époque très antérieure à celle du sinanthrope. Si le paléolithique moyen demeure mal connu, le paléolithique supérieur est bien représenté sur les sites de Ziyang (Sichuan) habité entre − 26 000 et − 11 000, de Xiaonanhai (Henan) et de Zhoukoudian encore occupés de − 18 000 à − 10 000.

Découverte de l'« Homme de Pékin »

« La mise au jour à Zhoukoudian du "sinanthrope" ou "Homme de Pékin", fruit d'un long travail effectué sous l'égide du Service géologique de Chine, a eu lieu, au sud-ouest de Pékin, sur la colline dite "des Os du dragon". Les ouvriers en tiraient du calcaire pour faire de la chaux et trouvaient des ossements qui attirèrent l'attention des savants. Les premiers éléments humains trouvés sur le site, en 1921, par l'Autrichien Zdansky, furent deux dents. On intensifia les fouilles et, en 1929, le Chinois Pei Wenzhong tira du sol une calotte crânienne. Était officialisée la présence de l'homme sur le sol chinois à une époque très ancienne. Les travaux ultérieurs établirent que cet homme vivait au pléistocène, il y a 400 000 ans. Ce n'était pas à proprement parler une révélation, il existait de solides présomptions, mais la preuve manquait. » (*China Today*, septembre 2003)

Le néolithique

Le néolithique en Chine (− 8000) est un peu plus tardif qu'en Mésopotamie et en Égypte (− 10 000).

■ Les travaux des années 1920-1930

Ils identifiaient le néolithique aux cultures dites de Yangshao (Henan, Shenxi) et de Longshan (Henan). La première, que caractérise sa céramique rouge, s'est développée sur le moyen Huanghe et sur son affluent, la Wei ; la seconde, plus récente, a vu le jour dans la basse vallée du Huanghe et au Shandong ; elle est identifiée par sa céramique noire. Ce patrimoine néolithique récent (site de Banpo, près de Xi'an, V^e millénaire, site de Changziyai, Shandong, IVe) a immédiatement précédé la période Shang, âge du bronze chinois qui débute au XVIIIe siècle avant notre ère.

■ Des travaux récents

Ils ont révélé un développement antérieur. La culture de Yangshao a été précédée par trois cultures proto-agricoles attestées à Cishan (Hubei) et Erligan (Henan) où des outils de pierre destinés à l'agriculture et des meules à grain remontent à – 5 000 ; à Dadiwan (Gansu), Dawenkou (Shandong) et Xinle (Liaoning). La région du Huanghe a longtemps été dite berceau de la révolution néolithique chinoise, or les régions méridionales ont révélé l'existence de foyers plus anciens. Xianrendong (Jiangxi) a livré une céramique réalisée par une population qui vivait surtout de chasse, de pêche et de cueillette, mais pratiquait aussi une proto-agriculture (– 8 000). Hemudu (Zhejiang) témoigne des débuts de la culture du riz et de l'élevage du buffle (– 5 000). Dans la région du Bas-Yangzi, la culture de Qingliangang (fin IVe-début IIIe millénaires), contemporaine de la culture de Longshan, produisait céramique et objets de jade. Ces découvertes donnent quelque réalité à la première dynastie de la tradition chinoise, les Xia, dite remonter au XXIIIe siècle. Erlitu (Henan) a livré les restes d'un palais du début du IIe millénaire, vestige probable de leur capitale. Le site de Taosi (Shanxi) offre aussi des « ruines des Xia » (– 2 300 à – 1 800). De petites clochettes y attestent l'apparition de l'âge du bronze chinois. Quant à la cité *shang* de Zhengzhou (Henan) (XVe siècle), elle témoigne de l'existence d'une société déjà hiérarchisée. Elle est plus ancienne que les tombes royales identifiées entre 1927 et 1936 près d'Anyang (Henan) et longtemps seule source d'information sur l'âge du bronze chinois. Ces découvertes récentes expliquent pourquoi l'apparition du bronze en Chine a longtemps paru soudaine.

> **Chronologie**
> Les dates concernant les dynasties des Xia, des Shang (ou Yin) et des Zhou, dites « chronologie longue », n'ont pas d'assise vérifiable. Après – 841, la chronologie servie par *Les Annales de Lu* qu'a revues Confucius, au VIe siècle, est plus éprouvée.

Histoire mythique et Antiquité

Selon la légende, une succession de « Trois Augustes » et de « Cinq Souverains » précède la dynastie des Xia qui règnent sur la Chine à compter de – 2205.

Les figures mythiques

Les deux premiers Augustes

C'est un couple. Fuxi et sa femme (qui est aussi sa sœur), Nugua, sont nés de la séparation du Ciel et de la Terre et possèdent buste humain et queue de dragon. À Nugua sont attribuées parfois la création de l'espèce humaine qu'elle façonne en argile à partir de son image, et l'institution du mariage. Fuxi aurait enseigné aux Chinois chasse, pêche et élevage. C'est lui, ou un de ses devins, qui inventa les premiers caractères de l'écriture d'après les traces d'oiseaux laissées sur le sable.

Shennong

Le roi Shennong travaille aux champs. Il crée les premiers outils agricoles : houe et araire ; organise la communauté patriarcale dont les membres, égaux entre eux, vivent en harmonie. Les hommes travaillent aux champs, les femmes tissent à la maison. Shennong n'inflige pas de sanction, n'a pas besoin d'armée. Il est le premier herboriste de Chine, vante les vertus fortifiantes des cinq céréales, pense qu'herbes, fruits, racines peuvent soigner les maux, les goûte tous afin d'en reconnaître les propriétés. Il aurait rédigé une pharmacopée, mis sur pied un système de troc, inventé un mode de comptage à l'aide de nœuds sur des cordes. Il aurait fabriqué le premier *qin*, instrument de musique à sept cordes, pour divertir le peuple après le travail. Il aurait régné 140 ans.

■ Les « Cinq Souverains »

La tradition impute aux « Cinq Souverains » l'apport d'éléments clés de la culture chinoise. Le même élément étant parfois attribué à plusieurs d'entre eux. Le premier souverain est Huangdi, l'« Empereur jaune ». Lui succèdent Yao, puis Shun. Avec son abdication en faveur de Yu, premier roi Xia, s'amorce le règne dynastique, Qi succédant à Yu, son père. La légende de ces héros de la Chine archaïque est à l'origine de l'éthique individuelle et familiale, et de la politique chinoise, telles que les vante Confucius (VIe-Ve siècles avant notre ère). *Huaxia*, nom de la Chine il y a 4 000 ans, doit nombre de ses caractéristiques, outre le divin Huangdi, à ces hommes exceptionnels que sont Yao et Shun, Yu et Qi.

Le père de la civilisation chinoise

Huangdi aurait régné de – 2697 à – 2598. Considéré par les taoïstes comme le père de la civilisation chinoise, il est divinisé, comme son épouse Laozu qui aurait enseigné aux femmes l'élevage du ver à soie. Son nom exprime son lien avec la Terre (*di*), que les Chinois associent à la couleur jaune (*huang*). Huangdi soumet les ethnies du nord de la Chine, vainc Chiyou que les Miaozi disent leur ancêtre, grâce au char-boussole qu'il a inventé : il lui permet de se diriger dans le brouillard que Chiyou répand pour l'égarer. À Huangdi est attribuée l'invention du *fengshui* (géomancie), de la monnaie, de la métallurgie, du cycle calendaire de 60 ans (sexagésimal). Il aurait enseigné aux hommes la culture des cinq aliments de base, la fabrication de l'arc, des bateaux, des chars. Son ministre Linglun est censé avoir inventé instruments et notes de musique ; Cang Jie, autre ministre, l'écriture. Le *Livre des Han* attribue de nombreux ouvrages à Huangdi, sur l'art militaire, la sagesse, la divination – disparus –, sur la médecine, *Neijing suwen*, qui nous est parvenu (il date du Ier siècle avant J.-C.). Pour les taoïstes, Huangdi est le maître des pratiques magiques. Il a toujours fait l'objet d'un culte officiel. En 640, l'empereur Taizong fait inscrire dans le registre des cultes impériaux les cérémonies pratiquées au Huangdi-ling, « sanctuaire de Huangdi », où se dresse son tumulus. En 1912, à l'avènement de la République, Sun Yatsen y envoie une délégation s'y prosterner.

Une légende fait de Yao le descendant de Huangdi. Intelligent, bon, il est respecté ; son peuple le choisit pour chef ; il a 16 ans. Il installe sa capitale à Pingyang, aujourd'hui Linfen (Shanxi), où on peut toujours contempler un temple et son tombeau qui fut bâti sous les Tang (618-907). Il s'entoure d'hommes de talent, leur confie les postes importants et s'évertue à juger ses fonctionnaires à leur juste valeur. Il accorde une grande importance à l'entente entre clans, instaure un calendrier et ordonne les activités agricoles. Son règne est regardé comme une ère de développement agricole rapide. Il l'accomplit durant 70 ans, puis entend se choisir un successeur. Les clans lui recommandent Shun pour sa piété et la gestion de ses affaires familiales. Yao veut en avoir le cœur net. Il invite Shun à instruire le peuple selon « Cinq principes » : impartialité du père, gentillesse de la mère, sens de la responsabilité du frère aîné, respect du cadet, piété filiale. Shun s'acquitte de la tâche. Puis Yao l'appelle à gérer les fonctionnaires et à recevoir les chefs de clans. Là encore, Shun le satisfait. Ultime épreuve, Yao oblige Shun à vivre en ermite pendant trois ans. Puis il lui cède sa place. Shun, soucieux de production, fait creuser canaux et puits, améliore les techniques agricoles et artisanales. Compatissant, il partage joies et peines de son peuple. Tout le monde mange à sa faim, personne ne souffre plus de corvées indues, nul n'est puni pour avoir critiqué le roi. Quand Shun se retire, avant de mourir à 110 ans, il cède sa place à Yu. Son tumulus s'élève près de Ningyuan (Hunan).

La dynastie mythique des Xia

C'est la première des vingt-deux dynasties impériales qui ont régné sur la Chine pendant 4 000 ans. Ses origines sont légendaires. Elle connaît une civilisation agricole qui se développe sur le cours moyen du fleuve Jaune.

Traces écrites des Xia

Les Xia qui auraient régné de – 2205 à – 1767 ne sont mentionnés pour la première fois que dans le *Shujing*, le classique *Livre des documents* qui date du début du Ier millénaire, sous les Zhou, la troisième dynastie qui fait suite aux Shang en – 1121. Les Zhou y expliquent qu'ils ont renversé les Shang pour la même raison que les Shang avaient renversé les Xia. Les Xia n'apparaissent pas sur les *jiaguwen*, inscriptions sur bronzes et carapaces de tortue de la fin du IIe millénaire, qui forment pourtant un corpus important.

Certaines traditions font descendre de Huangdi le premier souverain Xia, Yu le Grand. Elles lui attribuent d'avoir régularisé les eaux du Huanghe, problème récurrent de l'histoire chinoise. Yu, comme le sera Qi son fils, est un fondeur : c'est lui qui fond les neuf chaudrons tripodes en bronze qui symbolisent le pouvoir des empereurs de la Chine antique. Pour le reste, les traditions qui négligent Huangdi attribuent à Yu et à Qi ce dont les autres le créditent. La confusion va loin, puisque, pour certains, Yu a épousé la déesse Nugua (ou Nagua), comme Fuxi, et qu'elle est la mère de Qi. Les successeurs de Yu et de Qi connaissent des aventures qui relèvent de l'épopée. Ainsi du fils de Qi, Taikang : l'archer Yi le contraint à l'exil, avant que Yi ne soit tué par son épouse Fufei et l'amant de celle-ci, Zhuo. Les fils de Fufei et de Zhuo, à leur tour, assassinent Xiang, petit-fils de Taikang qui a vengé son grand-père en tuant Zhuo – ainsi de suite jusqu'à 1766, quand Jie, dernier Xia, tyran aux vices exacerbés par la belle Meixi, est renversé par Tang. Ce souverain d'un royaume situé au Shandong le vainc près de l'actuelle Kaifeng (Henan) et fonde la dynastie des Shang. Les historiens ont longtemps douté de l'existence des Xia, jusqu'à ce que les récentes découvertes archéologiques (à Erlitu et Taosi notamment) permettent de leur accorder une réalité proto-historique. Pour le reste, les personnages sont trop près des archétypes moraux à imiter ou à éviter pour qu'on leur accorde autre chose qu'une réalité didactique propre aux maîtres chinois en quête dans le passé des exemples à suivre ou à fuir. Yu le Grand n'en a pas moins son tombeau près de Shaoxing.

Yao, Shun et leurs successeurs vantés par Confucius

« Le Maître dit : "Quel souverain admirable que Yao ! Quelle majesté sublime ! Toute grandeur n'appartient qu'au Ciel, et seul Yao en a illustré la mesure. Le peuple ne trouvait pas de mot pour chanter sa grâce infinie. Quelle majesté sublime se dégageait de ses œuvres, et quel éclat de ses institutions !" L'empereur Yao dit : "Eh bien, Shun ! Voici le temps fixé par le Ciel pour ton avènement. Applique-toi à garder en toutes choses le milieu juste. Si, par ta négligence, les ressources venaient à manquer, le Ciel te retirerait à jamais le pouvoir et les trésors royaux." Shun transmit à son tour le mandat à Yu, le premier des Xia. Tang le Victorieux, fondateur de la dynastie des Shang, après avoir chassé Jie, le dernier empereur des Xia, dit : "Moi qui suis comme un faible enfant, j'ose déclarer solennellement que si je commets une faute, le peuple n'en sera pas responsable. Si le peuple commet une faute, j'en serai responsable." » (*Lun yu*, VIII, 19, et XX, 1)

Chapitre 2

Du mythe à l'histoire

Pour Marcel Granet, dès avant l'âge du bronze, à l'intérieur des « limites classiques », c'est-à-dire les mi- et basses vallées du Huanghe et du Yangzi, le Shandong et la plaine médiane – la Chine est « un empire policé et une nation homogène ». La vision n'est guère confirmée par l'archéologie. Les pièces datées de la période dite « les Printemps et les Automnes » (722-481) font même apparaître une Chine morcelée dont le sol est localement aménagé en petits cantons isolés les uns des autres. Cette période, puis l'ère des « Royaumes combattants » (453-222), regardées comme des temps de régression, sont-elles les « restes d'une nation une et prospère » ? De récentes découvertes archéologiques permettent de le penser. Quoi qu'il en soit, la renommée des Xia et des Shang met en présence d'une caractéristique majeure de la pensée chinoise : le passé lointain répond à un « idéal traditionnel d'unité » vers lequel les dirigeants chinois ont tendu ces vingt-cinq derniers siècles.

Les Shang, ou Yin

Les Shang (– 1766/– 1122), c'est la civilisation du bronze, de la poterie, de l'apparition de l'écriture et de la société féodale. Longtemps prospère, la période se termine par une ère de décadence.

Les premiers témoignages écrits

Avec les Shang, la Chine entre dans l'histoire. Ils ont laissé des témoignages écrits qui paraissent vers –1 400. Ce sont 102 inscriptions sur bronze et surtout 200 000 épigraphies divinatoires, les *jiaguwen* – « inscriptions sur écailles et sur os ». Elles proviennent de Yin, dernière capitale des Shang, près d'Anyang (Henan). Certaines revêtent une signification événementielle. Par exemple : « Le Tufang (des tribus du Shanxi) a lancé une attaque sur notre frontière orientale et s'est emparé de deux villages ». Les *jiaguwen* offrent un système d'archivage : ils comportent nom du devin et date de la divination selon le cycle sexagésimal. S'y font jour des usages bureaucratiques : lors d'une attaque ennemie, nombre de prisonniers capturés et butin ramené ; lors des chasses, nombre d'animaux capturés ou abattus. Ils renseignent sur les fonctionnaires : les « officiers des champs » s'occupent de l'agriculture, les « officiers des chiens » interviennent lors des chasses, les « officiers pasteurs » ont charge de surveiller l'état du bétail, etc. Les *jiaguwen* sont bien plus riches en information sur la vie du roi et de son administration que sur celle du peuple.

La divination par la tortue

Elle se fait sur l'intérieur de la carapace. L'écaille est couverte d'encre et chauffée. On obtient alors des fissures qui sont examinées et classées en cinq configurations principales, correspondant aux cinq éléments : terre, bois, feu, métal, eau, ou aux cinq orients : nord, sud, est, ouest et centre. Chacun de ces cinq types se subdivise en vingt-quatre formes secondaires, ce qui fait en tout cent vingt types de fissures. À chacune correspondent dix réponses possibles, mille deux cents en tout. Cette divination complexe est consignée dans les livres divinatoires.

Quel territoire ?

La Chine des Shang est loin d'occuper les « limites classiques » du pays, elles-mêmes sans rapport avec ce que deviendra l'Empire aux temps modernes. Le long du Huanghe, elle recouvre le Henan oriental et touche à l'ouest du Shandong. Le Yangzi passe à 500 kilomètres au sud. Du nord : Shenxi, Shanxi, Hebei, les tribus « barbares », c'est-à-dire non-Shang, sont un danger constant. L'étendue maximale du domaine atteint quelques dizaines de milliers de kilomètres carrés, au milieu de l'époque Shang. Elle ne cesse ensuite de se réduire, malgré les efforts de Wu Ding (– 1198/– 1189) pour la restaurer. Wu, à la tête de troupes, se met en campagne contre les Tufang, venus du Shanxi, peut-être de Mongolie, et contre les Qiang, du nord-ouest du Henan et du Shenxi. Ses forces ? De 3 à 5 000 hommes, quelques dizaines d'archers, quelques chars. Les Shang ont des alliés au Shanxi occidental, notamment un État de Zhou situé sur la Fen. Selon les *jiaguwen*, Zu Geng (– 1188/– 1178), fils de Wu, eut des difficultés avec ses alliés. Au bout d'un moment, les *jiaguwen* ne mentionnent plus les Zhou, parce qu'ils ont migré vers le Shenxi oriental, d'où viendra la troisième dynastie. À la fin de l'époque, le territoire des Shang ne s'étend plus qu'à quelques dizaines de kilomètres autour de Yin, leur capitale. Si les Shang disposent encore d'une vraie force militaire, c'est une dynastie exsangue que les Zhou renversent, vers – 1045.

Un pouvoir religieux, pas une théocratie

Cosmologie, éthique et rituels qui fondent l'ordre chinois datent des Shang ou leur sont attribués. Le roi Shang se voit régner au centre d'une terre carrée et se désigne comme le *Zhong Shang*, le « Shang du Milieu ».

■ L'Empire du Milieu

La Chine s'appelle traditionnellement *Zhongguo*, l'« Empire du Milieu », ou *Zhonghua*, la « Lumière du Milieu ». Ce « Milieu » a l'acception cosmologique de centre de l'univers ; une acception morale aussi : « empire de la juste mesure ». Le territoire est idéalement divisé en « Quatre Pays » orientés vers quatre points cardinaux, nord, sud, est et ouest, à partir du cinquième : *zhong*, le centre. La dynastie est divisée en lignées agnatiques (mâles) liées au roi selon le degré de parenté, dotées de privilèges et vouées à des obligations militaires et rituelles. La lignée royale directe comprend le souverain, ses ascendants et ses fils ; elle constitue le « *zhong* » de la dynastie. Les chefs de lignée, s'ils sont adultes, sont pourvus d'un apanage viager et participent aux hommages rendus aux ancêtres royaux et au Souverain du Ciel, *Di* – à ne pas confondre avec *Di*, homophone, la Terre. Ils envoient au roi soldats et tribut. Au début de la dynastie, il est rituel que son frère cadet succède au roi défunt. Les rivalités entre frère cadet du roi et fils du roi font qu'à la fin, la succession par filiation l'emporte. L'autorité d'une reine est déterminée par sa capacité à assurer la succession. La reine-épouse, la reine-mère, participent à divers rites officiels.

Les rites officiels

Les Shang se tournent rarement vers le Souverain du Ciel qu'ils redoutent. Ils s'adressent plutôt aux ancêtres royaux. Les affaires du roi – affaires d'État, affaires personnelles indifférenciées – sont placées sous la protection des ancêtres pré-dynastiques, qui affilient souvent la dynastie aux héros légendaires, et des ancêtres royaux. Moins solennel, le recours aux Puissances naturelles : *Tu*, le Sol, *He*, le Fleuve Jaune, *Ri*, le Soleil. On invoque encore les grands serviteurs défunts auxquels un culte a été accordé. Comme les Puissances naturelles, ils ont pouvoirs sur les eaux des fleuves, les récoltes ou la guerre, selon le domaine où ils ont exercé leurs talents, mais ils n'interviennent ni dans les affaires du roi ni dans la divination par les *jiagu*, la santé ou les naissances. Ces rituels évolueront au fil des siècles ; ils ne changeront pas radicalement.

> **Un jeu qu'ont connu les Shang**
>
> Le *weiqi* est apparu en Chine, il y a 5 000 ans. Ce jeu de dames que les Japonais appellent *go* depuis 1 200 ans à peine est un jeu stratégique : on y procède à l'encerclement de l'adversaire sur un damier à 361 cases de 24 × 22 mm. À tour de rôle les joueurs posent les *shizi*, les *pierres*, ou pions, aux intersections. Ces *shizi* biconvexes ont un diamètre d'environ 22 mm. Les règles s'apprennent en quelques minutes. La tactique qui exige de deviner les intentions de l'adversaire, c'est autre chose !

Et le peuple ?

Les *jiaguwen* sont avares en informations sur le peuple. Ils nous apprennent que les paysans vivent dans des hameaux (*yi*) entourés de champs (*tian*) ; qu'ils cultivent surtout le millet (*shu* ou *he*) ; que des exploitations sont contrôlées par le roi qui les confie à des paysans encadrés par des fonctionnaires. Le cheptel est important ; le montrent bœufs, moutons et porcs immolés par centaines lors de grands sacrifices. La religion du peuple est un chamanisme. Les chamans ont la vertu extatique de quitter leur corps, afin de se rendre au Ciel ou dans les Enfers. Les *jiaguwen* suggèrent des réalités économiques et sociales. Si le même mot *tian* désignait et désigne toujours les *champs* et la *chasse*, n'est-ce pas que les terres cultivées sont aussi territoires de chasse ? Ou que l'essartage qui fait sortir le gibier des forêts ouvre de nouveaux champs ? La Chine du Nord est alors beaucoup plus boisée qu'aujourd'hui. Le défrichement est l'affaire du roi. Il a des allures d'expédition militaire, est confié à des hommes requis, à la fois laboureurs et soldats, que dirigent des officiers. La chasse est considérée comme un entraînement à la guerre, les chasses royales sont menées comme des campagnes militaires. S'il n'y a pas trace d'esclavage, les prisonniers de guerre sont utilisés comme main-d'œuvre et peuvent faire l'objet de sacrifices humains, rituel que les Shang ont régulièrement pratiqué.

L'écriture chinoise

L'écriture chinoise est la plus ancienne des écritures en usage aujourd'hui. À ses origines se rattachent les noms des souverains mythiques, Fuxi, Shennong, Huangdi. Les premiers signes avérés ont été découverts sur des os ou des écailles de tortue qui, à partir du XIVe siècle avant notre ère, rapportent des informations divinatoires. Quels signes le devin trace-t-il face aux craquelures produites par la chaleur sur les carapaces encrées ? Des pictogrammes. Pour un corpus de 40 000 pièces du XIVe au XIe siècle, la liste est de 4 672 signes. Des inscriptions fondues dans le bronze de vases rituels permettent de suivre l'évolution du XIIe au IIIe siècle et révèlent quantité de variantes graphiques pour un même signe. L'écriture est de plus en plus complexe. Au IIIe siècle avant notre ère, l'empereur Shihuangdi englobe l'écriture dans sa politique d'unification de la Chine et ordonne d'enrayer la prolifération des caractères et d'imposer une seule graphie. Est dressée une liste de 3 000 caractères à la forme arrêtée. La mesure n'empêche pas le nombre des caractères d'augmenter : 8 000 au début de notre de notre ère, 18 000 au IIIe siècle, 31 000 au XIe, 48 000 au XVIIIe, 60 000 aujourd'hui. 3 000 caractères suffisent à l'usage courant.

Des arts et des techniques

Les vestiges de Yin, capitale des Shang du XIVe au XIe siècle, révèlent une civilisation aux techniques savantes : écriture, char, architecture, bronze, vaisselle. La maîtrise du bronze dépasse celle des vestiges les plus anciens trouvés au Moyen-Orient. Armes et vases cultuels, pièces de char portent un décor raffiné. Leurs motifs se retrouvent sur les objets de jade, d'ivoire et de bois. Ils consistent en formes animales stylisées, disposées symétriquement le long d'un axe médian. Les plus belles pièces sont les vases rituels. Ils présentent une variété de formes répondant à un rite cultuel défini, portent de courtes inscriptions, comme les armes les plus belles. Le char est léger, résistant, a de grandes roues à rayons, mais est encore peu répandu. Réservé au roi et à la haute noblesse, c'est un engin de guerre à deux chevaux, un instrument de parade et de chasse. Plus modestes sont les outils des agriculteurs : de pierre et de bois, ils ont peu évolué depuis l'époque néolithique.

■ Des vestiges monumentaux

L'architecture révèle villes murées et palais royaux, témoignages évidents d'un ordre social aristocratique de nature essentiellement militaire. L'architecture monumentale des tombes royales permet d'adjoindre à l'autorité de la force l'ascendant sacré de la personne royale. Le roi n'est pas un dieu (*shen*), mais participe du « principe vital » (*shen*, même idéogramme) de la communauté sur laquelle il règne : le montrent les insignes qu'il porte (*shenqi*). Ses devins le mettent en rapport avec les esprits (*shen*), il en est l'intercesseur. Sa sépulture, monumentale tablette funéraire, son nom dans le temple des Ancêtres royaux lui conservent sa qualité exceptionnelle. On le nommera *tianzi* – « Fils du Ciel » sous les Zhou.

Les Zhou

La dynastie des Zhou (– 1121/– 222) se divise en deux époques : celle dite des Zhou occidentaux ou *Xizhou* (– 1121/– 771) dont la capitale est Hao, au Shenxi, et celle des Zhou orientaux ou *Dongzhou* (– 770/– 222) dont la capitale est Luoyang au Henan. En – 841 débute la chronologie unifiée, on passe de la protohistoire à l'histoire.

Les Xizhou

> « Wen est le seul homme qui fut constamment heureux. [...] Il prit les armes une seule fois, chassa le tyran Zhouxin et l'Empire fut à lui. L'éclat de sa vertu brilla dans tout l'univers. Il posséda toutes les richesses comprises entre les quatre mers. Ses ancêtres agréèrent ses offrandes et ses descendants perpétuèrent sa race. » (L'Invariable Milieu, § 18)

Les Xizhou (– 1121/– 771) se disent *Jizhou*, revendiquant l'appartenance au clan des *Ji* dont était Huangdi. Quand le nom des Zhou disparaît des *jiaguwen*, ils ont remonté la Wei et se sont établis dans le Shenxi. Au contact des populations occidentales, ils ont tiré un parti militaire des conditions naturelles favorables à l'élevage du cheval, ont amélioré le char, inventé l'attelage à quatre chevaux. Quand ils renversent les Shang, ils sont gouvernés par des personnages qui font figure dans la tradition confucéenne : le roi Wen, le roi Wu, et leur fils et frère, le duc Zhou. À eux, la vertu du Prince telle que la définira Confucius. Wu mort, son fils Cheng lui succède. Naissent divers mouvements insurrectionnels que réduit le duc Zhou, frère de Wu auquel Confucius l'associera disant qu'ils « ont admirablement poursuivi les fins et continué les œuvres de leurs pères ». S'ensuit que vers l'an – 1000 (voir les dernières découvertes archéologiques), la Chine des Zhou atteint le site de Pékin, la pointe du Shandong et la plaine du Bas-Yangzi. L'expansion victorieuse va finir par détruire la société rurale patriarcale, les vassalités traditionnelles étant bouleversées par la distribution des terres aux nouveaux féodaux que sont les chefs de guerre. L'armature religieuse et rituelle de l'État est atteinte. Quand, au début du premier millénaire, les Xizhou cessent d'accroître leur puissance et leurs possessions, puis connaissent le déclin, la société tout entière se désagrège.

Les « Cinq relations »

De façon idéale, la société rurale patriarcale et ses vassalités sont harmonisées par les « Cinq relations », *wuchang*, dites encore *tianlun*, « lois du Ciel », héritées des « Cinq principes » de Shun. « Les lois communes à tous les hommes sont au nombre de cinq, trois vertus aident à les observer. Ces cinq lois sont celles qui régissent les relations entre le prince et le sujet, entre le père et le fils, entre le mari et la femme, entre le frère aîné et le frère puîné, entre les compagnons ou les amis. Les trois vertus nécessaires sont la prudence, l'humanité et la force. Pour n'être pas stériles, elles doivent présenter une qualité commune, la sincérité. Parmi les hommes, les uns possèdent en naissant la connaissance des cinq grandes lois morales, les autres la reçoivent par l'enseignement d'autrui, d'autres l'acquièrent au prix de recherches laborieuses. De quelque manière qu'elle soit obtenue, elle est même. Les uns observent les cinq lois générales sans peine, les autres sans difficulté majeure, d'autres, au prix de grands efforts. Le résultat pour tous est le même. » (Confucius, *L'Invariable Milieu*, § 20) Ce résultat, ce sont les « Cinq bonheurs », *wufu* : longévité, richesse, santé et tranquillité, amour de la vertu, mort paisible.

Les Dongzhou

En – 789, les Yanyun venus de la steppe combattent à cheval. Ils écrasent les armées des Xizhou, les renversent et fondent la dynastie « barbare » des Dongzhou (– 770/– 222). Ils sont bientôt sinisés, mais la réalité du pouvoir leur échappe. Leur nom recouvre deux périodes : les Printemps et les Automnes (– 722/– 481) ; les Royaumes combattants (– 453/– 222).

■ Les Printemps et les Automnes

Sous la tutelle nominale des Zhou, le désordre a marqué les mémoires se traduisant par une décomposition tant politique que morale. « À l'époque des Printemps et des Automnes, les royaumes désunis se disputaient le pouvoir. "S'en remettre au puissant et honnir le faible", telle était la conduite des petites principautés qui accordaient leur confiance aux grands royaumes. Partout périclitait le bon gouvernement tandis que toujours plus florissait la luxure » (*Zhulin yeshi*, XVIIe siècle). Antérieure au coup de main des Dongzhou, l'évolution s'accélère au VIIIe siècle. Sous les coups des Di du Shenxi, le domaine royal se réduit ; dans la plaine centrale, les principautés se multiplient : Zheng, Wei, Lu, etc., cernées par de petites cités dont les chefs, rognant l'autorité supérieure, revendiquent le pouvoir cultuel et s'en investissent. La société noble et militaire remplace la société royale et rituelle, tout en se réclamant de l'autorité du roi et des rites. Les cités frondent l'autorité des princes jusqu'à ce que les seigneurs les plus forts réagissent et forment des royaumes qui vont s'entredéchirer. Dans ce désordre, paraissent, pour tenter d'y répondre, les premières écoles philosophiques. Ainsi Confucius (– 551/– 479) qui situe l'âge d'or dans le passé chinois, et chemine de ville en ville pour prêcher le *ren*, « vertu d'humanité, universelle et désintéressée, participation à la vertu du Ciel ». Il a essayé de servir quelques princes, dans l'espoir d'apporter une réponse politique au désordre, mais a dû renoncer.

■ Les Royaumes combattants

C'est la fin de l'Antiquité chinoise. Les vassaux ont usurpé le titre de roi réservé jusqu'alors aux princes de Zhou. Les « royaumes » de Chu, Han, Lu, Qi, Qin, Song, Wei, Yan, Zhao et Zhou, ne se soucient plus de leur suzerain. Leurs combats sont toujours plus violents, l'armement mieux élaboré, les stratégies plus offensives, les troupes plus nombreuses. Le roi de Qin a un million de soldats. Les belligérants disposent de moyens croissants. Le développement des échanges est alors considérable entre Chinois et avec l'extérieur. Le royaume de Yan (Hebei) commerce avec la Mandchourie et la Corée ; celui de Qin (capitale Chang'an, aujourd'hui Xi'an) a des rapports avec les nomades des steppes ; ses soieries voyagent jusqu'en Inde. Le royaume de Chu (Hunan) a des échanges avec le Sichuan et le Yunnan. Paraissent des cités nouvelles, certaines gigantesques : la muraille de Linzi, capitale du royaume de Qi (Shandong), fait plus de 16 kilomètres. Leurs habitants se comptent au moins par dizaines de milliers. Autre fait déterminant, l'amélioration du rendement agricole, lié à la première diffusion du soc de fer et à l'invention du harnais à collier. La Chine se démembre, souffre d'assauts barbares, mais évolue aussi dans un sens favorable à son avenir. Va-t-elle se reconstituer ? Chacun voit le lendemain avec inquiétude. Dans les milieux lettrés, les écoles philosophiques – confucéennes et taoïstes surtout – se répandent : il faut concevoir un système qui ramène l'ordre. La période – 453/– 222 est dite aussi celle des « Cent écoles ». L'ordre viendra.

Et le Qin ?

> « J'ai apporté l'ordre à la foule des êtres et soumis à l'épreuve les actes et les réalités : chaque chose a le nom qui lui convient. » (Inscription sur la stèle funéraire de Li Si, ministre de Ying Zheng, de Qin)

Le Qin affirme sa prééminence. En – 259, Nanwang, suzerain Zhou en titre depuis – 309, abandonne le Henan au roi du Qin, Zhaoxiang, qui, depuis la Wei, a étendu sa puissance sur les nomades du Shenxi et du Gansu, vers le Sichuan et dans le Hubei. Bien que sinisés, les Qin sont des « barbares » Rong venus des steppes. Cette origine accroît l'hostilité de part et d'autre. Le roi de Han, effrayé de son expansion vers l'est, tente de réduire le Qin par ruse, avec le concours de l'hydraulicien Chengguo. Zhaoxiang a un penchant pour les larges canaux, tel celui de la Min. Chengguo le convainc de consacrer ses ressources à un canal encore plus grand, espérant le ruiner. Les travaux retardent son expansion militaire, mais ne viennent pas à bout de ses ressources. Quand le canal est achevé, en – 246, le royaume de Qin vient de passer aux mains d'un prince de 13 ans, Ying Zheng. Il a vite fait de reconstituer la richesse de Zhaoxiang. Le Qin est l'État le plus prospère de Chine, il lève des centaines de milliers d'hommes qu'entretient une agriculture d'État en expansion. Ying Zheng va changer la face de la Chine.

Un archipel de petits États

Il y avait un archipel de petits États féodaux (« dix mille », une infinité) au temps où Yu le Grand invite les seigneurs à venir lui rendre hommage. On n'en compte plus que quelques dizaines en 480 avant notre ère. Dans la période qui va du VIIIe siècle au IIIe avant notre ère, on voit les petites chefferies s'agglomérer et former de puissants États. Sans doute le mouvement de concentration politique est-il commencé depuis de longs siècles. Au début de *Chunqiu – les Printemps et les Automnes –*, l'unité chinoise est esquissée sous une forme fédérale. L'expression *Zhongguo* qui, plus tard, signifiera simplement *la Chine* a alors le sens de *Confédération chinoise*. Cette confédération rassemble des seigneuries d'importances diverses qui se sentent apparentées moins par la force des relations politiques que par une certaine communauté de civilisation. (D'après Marcel Granet)

Chapitre 3

Naissance de la pensée chinoise

La pensée chinoise n'est pas spéculative, elle doit tout à l'observation. Le fondement de sa sagesse est l'étude du monde. Tout système lui est étranger. Confucius qui, au VIe siècle avant notre ère, réunit le savoir des âges pour en tirer un *dao*, « voie à suivre », l'assure : « Étudier sans réfléchir est vain, mais réfléchir sans étudier est dangereux » (*Lun yu,* II, 15). Une formule de lui résume sa démarche en quête de *daode*, « la voie et la vertu ». « Je transmets, je n'invente rien. Je suis de bonne foi et j'aime l'Antiquité » (*Lun yu,* VII, 1) – l'Antiquité figurant un ordre parfait.

On oppose souvent confucéisme et taoïsme. Nuancer s'impose. Outre que tous deux contribuent au syncrétisme religieux chinois, le taoïsme dont l'ouvrage fondamental est le *Daodejing* (*Livre de la voie de la vertu*) remonte le temps, temps du monde et de chacun : « Les êtres qui foisonnent, chacun fait retour à sa racine. De retour à sa racine, il est calme ; calme, il est revenu à sa condition originelle. Revenir à sa condition originelle est la loi commune. Connaître la loi commune est être éclairé ; la méconnaître, c'est s'agiter vainement et s'attirer le malheur » (§ 16).

> **Le *ren* et le *Dao***
>
> Confucéisme et taoïsme étudient tous deux ce qui est, afin d'en tirer un *dao* – une façon d'exister tendant au *ren* confucéen ou au *Dao* taoïste. Le *ren* est plus social que le *Dao*, fusion individuelle au sein de l'harmonie universelle.

La Chine holiste ne sépare pas public et privé, individu et collectivité. Ce qui vaut pour l'individu coulé dans le mouvement du monde vaut pour le pays. Les « Cinq relations » le gouvernent, qui sont nées des « Cinq principes » de Shun peu à peu amendés au nom des « Trois vertus nécessaires ». L'ordre de *wanyu* – les « Dix mille êtres », l'univers – et la communauté des hommes ont un intercesseur, le roi, « Fils du Ciel » depuis les Zhou, puis l'Empereur. Il a reçu du Ciel pouvoir de contenir « paternellement » les excès des hommes. L'État va bien tant que les hommes reconnaissent ce « mandat du Ciel » et que celui-ci est rituellement exercé. Le Ciel des Chinois est omniprésent. Mais Confucius le dit : « L'action du Ciel n'est perçue ni par l'ouïe ni par l'odorat ». Ce qui n'empêche pas la parfaite continuité de nature entre le Ciel et les « Dix mille êtres » qui sont de même essence. La Chine ignore l'opposition matière/esprit.

Confucius

Kong Qiu Zhongni (– 551/– 479), « roi sans royaume », est un des hommes qui a le plus influé sur le destin de son peuple, celui-ci eût-il le plus souvent ignoré le fond de sa pensée et les ressorts de son éthique : responsabilité et sollicitude fondées sur l'expérience et l'étude.

Qui est-il ?

> « *Zilu s'arrêta à la Porte de Pierre. Le gardien lui demanda : "D'où êtes-vous ?" Zilu dit : "De chez Confucius." L'autre dit : "N'est-ce pas celui qui poursuit ce qu'il sait être impossible ?"* »
> (*Lun yu*, XIV, 38)

Né dans le pays de Lu (Shandong), son père ne l'a pas reconnu. Sa mère, un peu chamane, vit seule avec lui. Il est sage, réfléchi, habile à ranger les vases sacrificiels sur l'autel comme à chasser les grillons et à pêcher à la ligne. Tout Confucius est déjà là : il joue et est habile, le prix qu'il attache aux rites répond à l'intuition qu'il a de contribuer par eux à l'ordre du monde. À 15 ans, il se met à l'étude. Sa mère meurt, il veut la faire enterrer près de son père. À la manière dont il mène son deuil, sa famille paternelle le reconnaît. Il se marie, naît son fils, Boyu. Il le surnomme « Carpe » pour « proclamer sa foi dans les avantages audacieux du silence ». La protection d'un fonctionnaire local lui vaut de devenir garde champêtre… Tout est mythe dans cette biographie. Retenons que sans se lasser il voyagea beaucoup, ne revint au pays de Lu que pour y mourir. Il connut de dures épreuves, parfois le vrai danger. Ses disciples l'accompagnaient, l'aimaient ; il vivait familièrement avec eux ; peu importe l'événement.

« Maître Kong »

La sagesse de Confucius est fruit de son intelligence du monde, de la « sympathie » qu'il nourrit pour ses semblables, de l'étude qui est moins affaire livresque qu'observation. Il ne sait qu'un moyen de la propager, « rayonner » : « dispenser un exemple brillant » et « aller et venir par le pays ». Confucius, disait Henri Michaux, est l'« Edison de la morale », un bricoleur de génie. Le rapprochement met dans le mille. Il suffit d'ouvrir *Les Entretiens de Confucius*. S'y révèle l'homme, sceau du « milieu juste » à poursuivre. Ce « juste » n'est pas quête arithmétique ou juridique d'un équilibre. Intégrant une infinité de données, il requiert des réponses circonstancielles, « combinaison de la sympathie et de l'intelligence ». Il ne suffit pas de faire le juste choix, car la vérité ne prévaudra que si « c'est la volonté du Ciel » (*Lun yu,* XIV, 36), un Ciel que Confucius a la sagesse de ne pas peupler d'une mythologie. Voilà le cadre que Confucius s'emploie à cerner pour ses compatriotes, afin de les convaincre de pratiquer le *ren*, « vertu d'humanité, universelle et désintéressée, participation à la vertu du Ciel », de devenir des *junzi*, des « gentilshommes », et de concourir, à leur mesure, à l'harmonie de l'univers. Comment Confucius voit-il la nature humaine ? Bonne ? Mauvaise ? Question trop théorique. Il accorde trop de prix à l'étude pour avoir songé à l'existence du « bon sauvage ».

Les « Cinq Classiques » et les « Quatre Livres »

Confucius n'a rien écrit, mais son nom est associé aux *Wujing*, les *Cinq Classiques*, et aux *Sishu*, les *Quatre Livres*.

Les Cinq Classiques
1. le *Livre des mutations* (*Yijing*) – un manuel de divination ;
2. le *Livre des odes* qui rassemble 305 poèmes : chants festifs mineurs pour les fêtes de cour, chants festifs majeurs pour les cérémonies rituelles, hymnes chantés lors de sacrifices aux Ancêtres royaux ;
3. les *Mémoires sur les rites* qui décrivent rites anciens et cérémonies de cour ;
4. le *Canon des documents* qui contient des actes rédigés par les scribes royaux ;
5. *Les Printemps et les Automnes* ou *Annales de la principauté de Lu* qui offrent une description de l'État de Lu entre – 722 et – 479 et en dénoncent les crimes.

Un *Livre de la musique* existait qui a été perdu. Confucius se réfère sans cesse aux « classiques » et est censé les avoir compilés. On n'en connaît qu'une version du IIe siècle, car au IIIe Ying Zheng de Qin, devenu « Premier Empereur », les a fait brûler. Les empereurs Han les ont fait reconstituer, au siècle suivant.

Les Quatre Livres
Plus expressément confucéens, ils comptent :
1. le *Lun yu*, « Analectes » ou « Entretiens de Confucius », qui, compilé par son disciple Zengzi, rapporte sans apprêt anecdotes et réflexions faites par Confucius à ses disciples comme à des personnalités et à des anonymes croisés en chemin ;
2. *Da Xue*, « La Grande Étude » ;
3. *Zhong Yong*, « L'Invariable Milieu », codifiés par son petit-fils Zisi ;
4. le *Mengzi*, ou *Mencius*, du nom du disciple bien connu de Zisi.

Da Xue et *Zhong Yong* sont des chapitres de *Mémoires sur les rites* brièvement introduits ou suivis d'un commentaire. Ils n'en représentent pas moins un premier état systématique de la pensée confucéenne, fussent-ils assez étrangers aux enseignements du *Lun yu*. Le néo-confucéen Zhu Xi (1130-1200) assure dans son avertissement à l'édition qu'il en a donné : « Qui commencera par là son étude a de grande chance de ne point s'égarer ».

> **Une influence prodigieuse**
>
> « Les lecteurs superficiels du *Lun yu* ont accrédité l'opinion que le sage chinois ne fut qu'un brave homme plein de bon sens qui débite des lieux communs et radote parfois un peu. On n'a pas le droit de traiter aussi légèrement un homme qui a exercé dans le temps et dans l'espace une influence si prodigieuse qu'elle ne peut être comparée qu'à celle du Bouddha, du Christ ou de Mahomet. Confucius, il est vrai, n'a pas forgé de toutes pièces une philosophie spéculative. Il a fait mieux que cela : il a donné une règle d'action, une direction de vie. Ceux qui remuent et transforment l'humanité, ce ne sont pas les abstracteurs de quintessence ; ce sont ceux qui disent simplement à la foule incertaine : "Suivez-moi, je vous montrerai le chemin." Leur parole a de l'autorité parce qu'ils ont eu l'intuition de quelques-unes de ces notions plus fécondes que celles auxquelles se hausse la dialectique des logiciens, ils portent en eux des idées-mères dans le sein desquelles s'élaborent des métaphysiques latentes, elles donnent à leur front un rayonnement surnaturel. » (Édouard Chavannes, *La Revue de Paris*, 1903)

Laozi et le *Daodejing*

> *« On doit vénérer le non-agir, la non-pensée, le vide. »*
> *(Daodejing)*

Maître Lao

On sait peu de chose de « Maître Lao », originaire du Henan. « Laozi était un homme du village de Huxian, district de Lai, dans la préfecture de Hou, au pays de Zhou. Son nom de famille était Li », écrit Sima Qian, l'historien des Han. Quelles dates ? VIe-Ve siècles. Il aurait été archiviste à la cour de Zhou, puis serait parti vers l'Ouest en quête de quelque initiation et aurait dicté le *Daodejing* durant ce voyage. Le « Livre de la voie de la vertu » se prête à toutes sortes d'interprétations, car l'auteur recourt à des mots qui recouvrent une quantité de sens. Le lecteur croit y découvrir une multiplicité de plans sémantiques : morale, psychologie, politique, métaphysique. Laozi est le principal promoteur du taoïsme, né avant lui. Sima Qian dit sa doctrine centrée sur les notions de « vide » et d'« invisible » et sur le *wu wei* – mot à mot : « N'agis pas », grâce à quoi le sage s'adapte aux changements incessants du monde.

« La secte du tao, une des plus anciennes de toutes celles qui ont eu cours parmi les hommes, subsiste telle qu'elle a été à son origine, quand toutes les autres ont été absorbées dans le gouffre du temps », écrit un missionnaire français en 1790, de cette religion souvent saisie comme l'« autre face » de la pensée chinoise, la première étant le confucéisme. Le taoïsme est un syncrétisme complexe qui voit le jour au VIe siècle. Il est en opposition avec le confucéisme, dit-on souvent en Occident. Pas en Chine où l'on considère plutôt qu'ils se répondent.

Le non-agir

« On doit vénérer le non-agir, la non-pensée, le vide, afin que l'esprit ne soit pas dominé. Qui ne possède pas ce secret s'applique intentionnellement au non-agir, à la non-pensée, au vide. Mais s'appliquer ainsi à eux, c'est toujours les avoir présents à l'esprit, et donc se laisser dominer par la pensée du vide, alors qu'en réalité celui-ci ne consiste en rien d'autre qu'échapper à toute domination. Se laisser asservir par le vide, c'est le contraire de la vacuité. Le non-agir du vide ne fait pas du non-agir une loi constante ; aussi, ne faisant pas du non-agir une loi constante, est-il vide. Le vide apporte la plénitude de la vertu – la plénitude de la vertu n'est rien d'autre que la Vertu suprême. D'où la formule : "La Vertu suprême n'agit ni ne veut." » (*Daodejing*, trad. J. Levi)

Le taoïsme

Le confucéisme entend que le *junzi* œuvre à l'harmonie sociale qui concourt à l'harmonie du monde. Le taoïsme se soucie de l'harmonie de l'individu avec les « Dix mille êtres » par la quête du *Dao* qui préside au cours du monde. Plus que le confucéisme, le taoïsme se rattache aux croyances religieuses traditionnelles. Il est imprégné des cultes agraires et de leurs rapports subjectifs et fonctionnels entre nature et société : comme la logique taoïste, ils obéissent à des impératifs d'équilibre du principe *yin/yang* : ombre/lumière, terre/ciel, lune/soleil, féminin/masculin « dont l'alternance et l'union dans la nature et dans chacun des êtres constituent la réalité comme le devenir de tout ce qui existe ». La nature a des secrets, et le taoïsme des adeptes détenteurs de *wen* (écrits) à teneur ésotérique qui les incitent à solliciter ces secrets. Sous l'influence du culte des ancêtres, les *shen*, *gui* et autres *fen*, esprits plus ou moins maléfiques assimilés aux mânes, reçoivent prières et offrandes. Ils se voient associer personnages historiques, Laozi, légendaires, Huangdi. Ce syncrétisme prétend encore mener à l'immortalité « naturelle » par le biais de la régulation du souffle, la concentration mentale, l'ingestion de jade, des pratiques sexuelles particulières, etc., ou magiques. C'est au IIe siècle avant notre ère que la religion taoïste prend son essor.

> ### Éloge de l'inutilité
>
> La Voie est un anneau, le saint se situe au centre de l'anneau, laisse les choses s'accomplir. Il se garde de servir le bien public. Sainteté et utilité profane sont incompatibles. Laozi situe toute efficacité dans le vide et la vocation de l'homme dans le mépris de tout mérite. Zhuangzi loue l'inutilité. « Voyez un arbre : il n'a de chance de croître et de devenir vénérable que si son bois est sans valeur aux yeux du charpentier. » L'homme toutefois doit se garder aussi de l'inutilité : « Il ne lui suffit pas d'être bon à rien pour échapper au danger. »

Zhuang Zhou et Yang Zhou

Zhuang Zhou, « héritier » de Laozi, vit au IVe siècle avant notre ère. Il passe le plus clair de son existence retiré du monde ou à mener une vie errante près du peuple. Nombre de lettrés feront de même au fil des siècles. Le concept central de sa philosophie est le *Dao* qu'il dit « cours naturel et spontané des choses ». Zhuang Zhou se moque de la prétention de l'homme à vouloir forcer le *Dao* par l'action et le discours raisonné. Le discours ne fait qu'opérer des découpages arbitraires dans la réalité. Là s'opposent radicalement société des hommes et nature. Son livre, le *Zhuangzi*, constatera donc l'inutilité de l'action de Confucius : « Pour de la bonté, c'est de la bonté, mais il afflige son esprit et fatigue sa personne, au péril de son authenticité. Que son comportement l'éloigne du *Dao* ! » (ch. xxx, trad. Jean Levi). Les « légistes » s'en souviendront. Dans un esprit voisin et sans doute à la même époque vivait Yang Zhou qui, grand adepte du *Dao*, recommande : « Ne rien faire de mal, de peur d'être puni ; ne rien faire de bien, de peur de supporter les charges d'une bonne réputation ; agir comme si l'on était bon à rien ».

> **La condition humaine, selon Zhuangzi**
>
> « — Peut-on réussir à posséder la Voie ?
> — Étant donné que même votre personne ne vous appartient pas, comment pourriez-vous posséder la Voie ?
> — Si ma personne ne m'appartient pas, à qui appartient-elle ?
> — Elle n'est qu'une forme prêtée par le Ciel et la Terre. De même votre vie ne vous appartient pas ; elle est une concrétion née de l'union du Ciel et de la Terre qui en gardent le contrôle. Votre nature innée qui commande votre destinée ne vous appartient pas, elle est la manifestation de l'obéissance que requièrent le Ciel et la Terre. »
> (*Zhuangzi*, ch. XXI, trad. Jean Levi)

Les héritiers de Confucius

Près de mourir, Confucius, saisi d'angoisse, chante ces vers empruntés au *Livre des Odes* : « Voici que le Taishan s'écroule, que la maîtresse poutre se gâte, le sage s'en va comme une fleur fanée ». Il redoute que son œuvre ne soit sans lendemain, que lui-même ne soit trahi. Avec raison.

Héritiers directs

Principaux héritiers de Confucius, son disciple Zengzi, Zisi lui-même disciple de Zengzi, petit-fils du Maître qui aura pour disciple Ge Zhengming, dit Mengzi – Mencius. Zengzi est nommé dans quinze répliques du *Lun yu* qu'il a compilé. Il y paraît en interprète des propos de Kong. « Le Maître dit : "Ma Voie est cousue d'un seul fil." Zengzi répondit : "Certainement." Lorsque le Maître se fut retiré, ses disciples demandèrent ce qu'il avait voulu dire. Zengzi répondit : "La Voie de notre maître consiste en la loyauté et en l'amour d'autrui comme de soi-même." » (*Lun yu* IV, 15) Zisi reconnaît en « Maître Zeng » le fidèle truchement de son auguste grand-père et tire de lui assez de sagesse pour faire carrière de ministre, puis rédiger *Grande Étude* et *Invariable Milieu*.

■ Quid de la Voie ?

Le Maître est-il trahi par son petit-fils ? Toute codification fige une pensée subtile, en étouffe les jeux verbaux. Il faut reconnaître l'insuffisance de ces héritiers directs majeurs comme les Zizhang, Zigong, Yuzi, et autres Ran Qiu dont les noms paraissent dans *Lun yu*, et admettre qu'avec Confucius « quelque chose de magique et d'ineffable disparaît à jamais » ; que ses disciples vont « s'emparer d'une réponse occasionnelle pour l'ériger en loi générale, et faire prévaloir leur propre interprétation rigide et figée » (Jean Levi). Kong avait montré les limites de la diversité des opinions dans la recherche, personnelle et collective, de la Voie. « Il est des personnes avec lesquelles on peut étudier, mais non tendre vers la Voie. Il en est d'autres avec lesquelles on peut tendre vers la Voie, mais non s'y affirmer. D'autres encore avec lesquelles on peut s'affirmer, mais dont on ne peut partager le jugement. » (*Lun yu*, IX, 28) Ses premiers disciples bénéficient de son audience, puis ils se disputent entre eux, multiplient écoles, gnoses et théories. La vraie pensée de Confucius ne reçoit guère d'écho.

Maître Mo

Mozi (– 480/– 390) connaît mal Confucius et le trahit, créant une secte de petits gentilshommes qui va connaître le succès deux siècles durant. Ému par les violences de l'ère des Royaumes combattants, hostile à l'esprit de clan dont il mesure les effets désastreux, Mozi entend bâtir une société égalitaire fondée sur l'entraide et le dévouement au bien commun. Il condamne lucre, luxe, développement de la puissance militaire, guerre qu'elle engendre et qui n'est à ses yeux qu'une forme de brigandage. Comme remèdes à ces calamités, il prône une frugalité universelle et réglementée, un strict respect des lois, la crainte des dieux et des esprits. En rupture avec le culte des Rois Sages, Mozi raille la morale impuissante, en appelle à la contrainte. « Pour que les forts ne dévorent plus les faibles, pour que les riches ne briment plus les pauvres, il importe que le prince dispose d'un pouvoir absolu et soit obéi sans réplique. » L'amour universel obligatoire exige la tyrannie.

■ La voie de la tyrannie

Que reproche Mozi à l'éthique de Confucius ? Son respect des liturgies lui paraît perte de temps, sa manie de poser des questions et son scepticisme sont vus par lui comme autant d'offenses aux dieux et aux esprits. Si chacun travaille pour nourrir chacun et que tous vénèrent les dieux, ses chefs et ses pères, la paix s'installera et demeurera. Mozi et ses nombreux disciples plus soucieux d'ailleurs de succès polémiques que de réponses concrètes aux questions pratiques, pèchent par leur penchant pour le verbiage dialectique.

> **Écoles et trahisons**
>
> « Après la mort de Confucius sont apparues les écoles confucéennes de Zizhang, de Zisi, du clan Yan, de Mengzi, de Qi Diao, de Zhong Liang, de Xunzi et du directeur de la musique Zizhuan. Après le mort de Mozi, il y eut le mohisme de Xiangli, celui de Xiangfu et l'école de Deng Ling. Ainsi, depuis la disparition de leurs maîtres respectifs, les confucéens se sont divisés en huit groupes et les mohistes en trois écoles. Bien que leurs orientations soient radicalement opposées et qu'ils se contredisent sur tout, chacun prétend dispenser le véritable enseignement du maître. Comme il est fort improbable que les deux pères fondateurs ressuscitent un jour, on voit mal qui pourra désigner leur authentique continuateur. Confucius et Mozi prétendaient l'un comme l'autre marcher sur les traces de Yao et Shun. Pourtant bien que chacun se réclamât de ces deux sages, ils avaient adopté sur toutes les questions des points de vue antagonistes. Yao et Shun étant morts à jamais, qui peut dire lequel des deux détenait la vérité sur Yao et Shun ? » (*Hanfeizi*, § L, IIIᵉ siècle av. J.-C., trad. Jean Levi)

Mencius

Ge Zhengming (- 372/- 289), dit Meng, est originaire du pays de Lu et appartient à sa noblesse. Orphelin de père, sa mère lui fait dispenser la meilleure éducation. Adulte, il commence à enseigner. Parvenu à maturité, il parcourt la Chine pendant plus de 20 ans, à la tête de ses disciples afin d'y propager ses idéaux. Grande est sa renommée. Des chars par dizaines, des centaines de personnes le suivent, dans une affluence qui dépasse de beaucoup celle des adeptes qui accompagnaient Confucius. Partout, il est accueilli avec respect. Au soir de sa vie, il rentre au pays de Lu et rédige ses enseignements.

Un héritier verbeux

Ce n'est pas l'image seule de sa vie qui, chez Mencius, est plus belle que chez Confucius. Il « perfectionne » le confucéisme à la racine, soutient que la nature humaine est « bonne », que « naturellement » en découle le *ren*, la sublime « vertu d'humanité », et que la propension de chacun au « bien agir » précède toute éducation. Cette bonté innée fait de lui le fondateur d'un idéalisme qui dénature la doctrine de son modèle. Xunzi les dénoncera bientôt, lui, les siens et leur « théorie spécieuse et contradictoire des cinq vertus » : « Après avoir orné leurs divagations de toutes les fleurs de la rhétorique, ils vous confient, d'un ton pénétré de respect : "Ce sont là les propos véridiques de notre maître vénéré." Les lettrés stupides et médiocres opinent, sans se rendre compte que c'est un tissu de contrevérités » (trad. Jean Levi). Confucius aime le propos lapidaire, Mencius est verbeux.

L'ère des faux docteurs

Dans son livre, le *Mengzi*, Mencius joue de façon pesante le rôle que Confucius tient dans le *Lun yu* et renchérit. Le chapitre qui traite « de la bonté de la nature humaine » débute par le rappel d'un dialogue entre lui et le prince de Teng venu le voir, comme de modestes fonctionnaires venaient en son temps consulter Kong Qiu. Les formules font image, telle « Un honnête homme n'est pas un pot ! » par quoi Kongzi proclame qu'un homme de bien n'est pas interchangeable. Un bavard ne peut être confucéen : « L'honnête homme, d'un seul mot, manifeste son savoir ou révèle son ignorance. Ainsi ne parle-t-il jamais sans circonspection » (*Lun yu*, XIX, 25). L'homme naturellement bon, gâté par les passions, va légitimer les contraintes que revêtira le confucéisme paternaliste autoritaire bientôt officialisé sous les Han. Quant à ceux qui, tout en se réclamant de Kong, estimeront l'homme naturellement mauvais, ils contribueront à justifier les théories légistes radicalement hostiles à tout libre-arbitre. Or, disait Kong Qiu : « On ne saurait priver le dernier des hommes de son libre-arbitre » (*Lun yu*, IX, 26). Les erreurs de Mencius ne l'empêchent pas de dénoncer celles des autres : « Si Mozi et autres ne cessent d'être en vogue, si la doctrine de Confucius n'est pas mise en lumière, les faux docteurs tromperont le peuple » (I, II, 9).

Xunzi, pessimiste absolu

Fonctionnaire du royaume de Shu, Xunzi (- 300/- 237) est membre occasionnel de l'académie Jixia que les rois de Qi entretiennent à Linzi durant l'ère des Royaumes combattants. Il se veut disciple de Confucius, mais estime que l'homme naît mauvais. Seule l'éducation peut le garder de sa nature. La vision est, en soi, une trahison de Kong. Si, à la lecture du *Lun yu*, il n'apparaît pas que l'« humanité » s'acquière, il est clair qu'elle se cultive. Hostile à la systématisation, Confucius constate qu'il y a des bons et des méchants sur lesquels son enseignement n'a pas nécessairement d'effet. « Un clerc s'attache à la vérité, s'il rougit d'un vêtement grossier et d'une nourriture ordinaire, il ne mérite pas de recevoir mes enseignements. » (*Lun yu*, IV.9) Malheur à lui s'il est *de nature* à s'arrêter aux apparences. Pour Kong, il y a des hommes prédisposés à l'entendre, d'autres auxquels il s'adresserait en vain. Xunzi qui s'est coupé de toute nuance n'est pas confucéen. Son pessimisme justifie les légistes et la violence à venir de la machine du « Premier Empereur ».

L'homme mauvais par nature

« Par nature, l'homme est mauvais, c'est par l'effort artificiel de l'éducation qu'il devient bon. Sa nature le porte à chercher avidement son avantage. Cela produit rivalités, rapines, interdits, abnégation et effacement devant les autres. Il est de la nature de l'homme de porter envie, de vouloir faire du mal. Elle le pousse aux violences corporelles, aux brigandages, est étrangère aux vertus de loyauté, de fidélité. Il est de la nature de l'homme de vouloir satisfaire les désirs qui lui viennent par l'œil et l'oreille, ce qui produit licence, désordre, condamne bienséance, justice, civilité, décence. » (*Xunzi*, ch. XXIII)

L'« École des lois »

Les légistes exercent un poids considérable sur l'histoire de la Chine où le pouvoir évolue de façon inconstante mais récurrente entre le paternalisme de Mengzi, qui se traduit par une confiance certaine dans l'initiative des groupes sociaux – « démocratie sociale » –, et le dirigisme totalitaire des légistes. Les légistes qui ne se sont jamais constitués en école élaborèrent la théorie d'un pouvoir fort fondé sur des institutions étatiques centralisées et des lois répressives dans le souci d'inscrire la société des hommes dans l'harmonie cosmique et d'empêcher que les querelles humaines ne viennent la troubler. On compte quatre grandes figures légistes : Shen Buhai, Shen Dao, Shang Yang et Hanfei. Comme tous leurs contemporains, ils sont influencés par la rudesse des guerres du temps, par les conséquences sociales aussi de la concurrence économique. L'ordre nouveau exige l'encadrement sévère des populations dans un réseau serré. La rigueur administrative se substitue aux rapports d'allégeance vassalique. Restent des administrés, des contribuables, des conscrits – « pots » indéfiniment interchangeables.

Shen Buhai, Shen Dao, Shang Yang

Des deux Shen il ne reste que des bribes. Shang Yang (– 390/– 338), issu des princes du Wei, fait carrière au Qin. Il y aide le duc Xiao à transformer la principauté « barbare » des Rong en un État puissant qui abolit l'ordre féodal. À la disparition du duc Xiao, Shang est empalé : il avait obligé le prince héritier à se plier à la loi. Son *Livre du prince Shang* vante l'ordre qu'il institua au Qin. Les paysans sont organisés en groupes paramilitaires de familles à responsabilité collective, astreints à un travail forcé et redevables au seul État de leur fonds comme de leurs débouchés. Les grades nobiliaires récompensent les seuls services rendus au prince, à l'exclusion de toute hérédité. Le roi seul naît roi. Les apanages viagers sont attribués aux bénéficiaires de grades nobiliaires avec leur contingent de paysans et d'inactifs asservis. Le territoire est découpé en circonscriptions administratives, les poids et mesures sont uniformisés, etc. Shang est partisan d'un usage rigoureux du langage. Chaque mot doit être porteur d'une acception unique et astreignante, du point de vue social, légal et surtout pénal. Un plan que la Chine retrouvera avec le « Premier Empereur », puis par période jusqu'au xxe siècle...

Hanfei

Hanfei (– 280/– 233), du sang royal des Han, étudie auprès de Xunzi, méprise les lettrés et se réclame de Laozi. Le roi du Han, près de succomber aux armées du Qin, l'envoie traiter avec l'adversaire. Sa noblesse et son intelligence séduisent le roi du Qin. Or, dénoncé comme agent double par Li Si, légiste comme lui et ministre du Qin, il est jeté en prison et contraint au suicide. Ses écrits réunis dans *Hanfeizi* ou *Le Dao du Prince* offrent la formulation achevée du « légisme ». Il conçoit l'action du souverain sur le modèle du *Dao* taoïste, principe transcendant et vide présidant au cours du monde. Le *Dao* est somme et source de toutes les lois sans coïncider avec elles ; le prince sera source de toutes règles, lui-même étant hors normes et règles. Comme le *Dao*, le souverain est l'*Un*. À son unicité répondent uniformisation du territoire et centralisation de l'autorité. Le *Dao* régit les choses parce qu'il est en dehors d'elles, le prince n'est souverain qu'autant qu'il est distinct de l'appareil qu'il régit. Il vivra en communion extatique avec les forces cosmiques. Pour Hanfei, le langage joue un rôle déterminant ; système impératif absolu, il assigne.

Le légisme selon Hanfei

Saisi comme instrument de contrôle, le langage assure qu'à chaque désignation réponde un type de comportement défini. Procédant du prince en communion avec le Ciel, concourant à l'adéquation entre société humaine et nature spontanée par la prévention de tout agissement des hommes, il règle la société et se fait outil de la mécanique cosmique. S'imposent : 1. le contrôle absolu des individus par une administration veillant à l'exécution des lois ; 2. la surveillance rigoureuse des agents de l'administration qui, s'ils échappaient à la domination du souverain, ruineraient le mécanisme cosmique que doit préserver l'adhésion aux mots des actes de chacun.

Pour être loi de nature, la loi humaine doit être intériorisée : l'assimilation requiert une rigueur extrême qui inspire la terreur et rend bientôt inutile tout châtiment. Cessant d'être ressentie comme une contrainte, la loi pousse chacun à agir selon les intérêts du prince et l'harmonie du cosmos, alors qu'il croit agir dans son propre intérêt. La société ainsi conduite sera paisible. Le prince émane de l'ordre cosmique. S'il se donne puissance de tout voir et d'agir sur tous les leviers qui manœuvrent ses sujets, il doit leur être soustrait. Invisible, sans désirs, immobile et vide, il concentrera en lui ses esprits vitaux, s'imposera une discipline de chaque instant. Il est l'Intercesseur, rôle que l'Empereur, invisible, astreint à jeûnes, purifications, méditations, etc., tiendra jusqu'à la fin de l'Empire.

Ying Zheng conquerra le monde

« Ying Zheng de Qin, par sa politique judicieuse de récompenses et de châtiments, a su séparer le bon grain de l'ivraie. Aucun sujet, depuis qu'il est sorti du ventre maternel, ne nourrit de pensée séditieuse. Il n'est homme qui, entendant le fracas des armes, ne frappe du pied et ne se dénude la poitrine, pour se jeter contre les blanches lames d'acier. Tous sont prêts à marcher sur des braises et à mourir au premier rang. Et pourtant il est plus difficile de courir au trépas que de fuir pour préserver sa vie. Si toute une nation se comporte de la sorte, c'est qu'une mort glorieuse y est couronnée d'honneurs. Un homme prêt à mourir en vaut dix, dix hommes prêts à mourir en valent cent, cent hommes prêts à mourir en valent mille, mille hommes prêts à mourir en valent dix mille et dix mille hommes prêts à mourir peuvent conquérir le monde. » (*Hanfeizi*, trad. Jean Levi)

Chapitre 4

Le Premier Empire : Qin, Han, Xin, Han

Ying Zheng règne sur le Qin depuis – 246. Il veut rallier à lui de gré ou de force les royaumes subsistants : Chu, Han, Qi, Wei, Yan et Zhao.

De Ying Zheng à Qin Shihuangdi

L'État le plus puissant face au Qin a longtemps été le Chu, mais il a cessé de l'inquiéter. Comptent le Zhao et le Han. Le Qin a pour lui sa richesse, son énergie et le système redoutable auquel l'a initié Shang Yang. Cette machine effrayante qu'il renforce sans trêve, Ying veut l'appliquer à la Chine entière, conseillé par Li Si, le compagnon jaloux de Hanfei.

Suprématie du Qin

En – 233, Ying entame les derniers combats pour la suprématie. La même année, son armée colossale vient aisément à bout du Han. Il la tourne contre le Zhao, qui tombe en – 228. Le Wei suit. La victoire finale est-elle sûre ? Le Chu est capable d'engager des centaines de milliers d'hommes. En – 223, il s'incline toutefois. La fin de l'entreprise est une promenade militaire. Le Yan est annexé, le Qi rend les armes sans combattre. En 221 av. J.-C., le roi Ying Zheng du Qin se déclare maître de l'Empire et prend le titre sans précédent historique d'empereur. Il se nomme *Shihuangdi*, « Premier empereur », et décrète qu'après lui le chef de la maison de Qin ne sera plus « roi » mais *huangdi*, littéralement « *Suprême Seigneur* », seul humain à porter ce titre.

La machine impériale

Qin Shihuangdi règne dix ans, étend l'Empire vers le sud : Fujian, Guangdong, Guangxi et même Annam ; il peuple ces terres de ses sujets qu'il déporte, cherche à appliquer partout les mécanismes légistes qui ont fait le succès du Qin. Son règne est bref, mais laissera des traces durables : centralisation administrative, découpage du territoire, uniformisation des poids, des mesures, des essieux de chariots et de la monnaie de cuivre. Il a moins de succès avec l'écriture, échouant à imposer définitivement la graphie *jinwen* seule en vigueur au Qin. Outre la vocation tutélaire du langage, la décision se justifiait dans un pays où la multiplicité des dialectes, des accents fait du chinois écrit le seul vrai lien linguistique des Han.

> **Le « grand malfaisant »**
>
> L'hostilité des légistes au confucéisme, autant que la volonté impériale d'uniformiser cœurs et esprits dans un souci d'ordre cosmique, la censure qui s'ensuit et conduit à la destruction des livres causent la perte définitive de nombre d'œuvres des « Cent écoles ». Pour avoir voulu éliminer les lettrés, brûlés au besoin avec leurs écrits, et ordonné un autodafé de tous les livres qu'il juge dénués de valeur pratique, Qin Shihuangdi, « grand malfaisant », sera voué à la détestation générale au fil de l'histoire de Chine.

Durant son règne impérial, Qin Shihuangdi entreprend des constructions grandioses : renforce et étend la Muraille, fait percer des canaux, bâtir des ponts, tracer des routes. À Chang'an, il se fait dresser un somptueux tombeau. Le travail formidable exigé de tous, l'ordre militaire imposé à tous, la fiscalité plus que les arrestations arbitraires, finissent par déclencher complots jusque dans son entourage, révoltes, jacqueries. Les Qin perdent bientôt le mandat du Ciel. Selon la légende, la mort soudaine du *huangdi*, en – 211, permet à deux fonctionnaires de contrefaire un ordre de lui intimant à son héritier de se suicider. Les deux complices entendent introniser Ying Huai, son plus jeune fils dont ils feront un fantoche. Dans les mois qui suivent, une révolte générale – paysans, soldats, noblesses des anciens royaumes – se répand à travers la Chine. Chen Sheng et Wu Guan, deux généraux des armées du Nord, prennent la tête de la rébellion. Ying Huai est assassiné et remplacé par son fils Ying Ziying. La dynastie s'écroule, trois ans après la mort de son fondateur.

Les Han antérieurs

Deux autres officiers du Nord, Liu Bang et Xiang Yu, se disputent l'Empire qui, en – 206, est partagé entre eux. Liu se proclame *Gaozu*, « père fondateur » de la dynastie des Han. En – 202, toute la Chine passe sous son autorité. Il perpétue l'ordre légiste, en durcit même la fiscalité ; il en entretient vision « cosmique » et correspondances entre univers et ordre social. Mais il doit composer avec les grandes familles quand il ne parvient pas à les forcer à s'établir dans les zones de colonisation. Il meurt en – 195. Sa veuve Lu assure la régence. Elle élimine quiconque menace son pouvoir, notamment les anciens compagnons d'armes du défunt, et confie leurs fiefs à des parents. En – 180, Wen, fils du *Gaozu*, devient Wendi, l'« empereur lettré ».

Trois grands Han

La postérité a retenu le nom de Wendi qu'elle associe au retour d'un pouvoir moins rude. Pour réduire la puissance renaissante des féodaux, Wen maintient la centralisation, recrute des fonctionnaires, mais assouplit la législation pénale. Ces choix lui valent le ralliement des lettrés. En – 158, lui succède son fils Jingdi qui poursuit son œuvre. Les cavaliers des steppes l'inquiètent et d'autant plus qu'ils forment une vaste confédération que mènent les Xiongnu – les Huns. Pour affirmer son prestige chez ses voisins, il doit réagir. Il songe aux actions qui illustreront le règne de son fils Wu, mais meurt en – 141.

■ Wudi, l'« empereur guerrier »

Wudi achève de mater les féodaux. Pour étoffer son administration et s'attacher les lettrés, il instaure en – 125 les premiers examens mandarinaux. Depuis – 136, il œuvre à élargir les frontières de l'Empire. Il a commencé à s'ouvrir par le Sichuan des routes vers le Yunnan et la Birmanie. Au Fujian, il détruit le royaume Yue. Du Guangdong, en – 111, il établira sa suzeraineté sur l'Indochine. En – 128, il se tourne vers le nord, pénètre en Mandchourie et en Corée, y implante commanderies et colonies de peuplement. De – 124 à – 119, contre la confédération que dirigent les Xiongnu, il crée des commanderies au Gansu. Ces implantations stratégiques entraînent d'importants déplacements de population, tels, en – 120, les 700 000 habitants du Shandong victimes d'une crue du Huanghe. En – 102, Wudi prolonge la Muraille jusqu'à l'ouest du Gansu. Ses soldats marchent vers l'Asie centrale et s'emparent de la vallée du Tarim et du Ferghana, entre Tianshan et Altaï. La Chine y équipera désormais sa cavalerie et va favoriser le développement des échanges que la route de la soie connaît depuis le IVe siècle.

■ Un vaste dessein

Ces conquêtes que Wudi, jusqu'à sa mort en 07, et le général Huo Guang, sous Zhaodi (– 87/– 73) et Xuandi (– 72/– 49), vont poursuivre écartent les Huns durablement, ou les intègrent à l'Empire qui peu à peu les assimile. Bien que de vastes espaces soient encore tenus par des populations non-Han (au Sichuan, au Yunnan, au Jiangxi, au Fujian), la Chine acquiert la physionomie générale qu'elle connaîtra jusqu'au XVIIe siècle, avant l'expansion des Qing.

L'ère Xuandi

Ce développement favorise l'activité économique, mais l'effort militaire grève les ressources de l'État. Les impôts sont majorés, les monopoles d'État élargis (au fer, au sel). Lettrés et grands propriétaires, marchands et notables défient les collecteurs d'impôts. Les révoltes paysannes se multiplient. La répression est sans effet. Huo Guang et les empereurs qu'il sert n'imaginent qu'une méthode pour réduire les mécontents, les mater, puis poursuivre la conquête de cette Asie centrale que l'on appellera un jour le Turkestan chinois. L'empereur Xuandi est différent. Travailleur et fin, ouvert aux suggestions, il comprend les doléances du peuple, allège les impôts, assouplit le gouvernement et emploie des ministres capables, des lettrés souvent recrutés par examen. Volontaire, Xuandi consolide son pouvoir, en élimine les éléments corrompus – dont les descendants de Huo. La dynastie qui poursuit sur son erre de prospérité économique et de succès militaires y ajoute apaisement social. Mais, après ce règne intelligent de 25 ans et faute de vrais souverains, les coteries l'emportent et la situation se dégrade vite.

> **« Un vrai Huo Guang »**
>
> Le général Huo Guang jouissait de la confiance de Wudi. L'empereur mourant lui confia son fils l'empereur Zhaodi et le gouvernement de l'Empire. Après la mort de Zhaodi, c'est Huo qui fit de Liu Xun l'empereur Xuandi. Il exerça une influence énergique bénéfique pendant quarante ans. Quand Xuandi fit de la concubine Xu l'impératrice Xu, Xian, la femme avide d'honneurs de Huo, imagina faire de sa fille cadette l'épouse du Han. L'impératrice était malade ; Xian corrompit une herboriste qui la soignait ; elle l'empoisonna. Xuandi épousa la jeune Huo. Le général ignora l'affaire jusqu'à ce que Xian la lui avouât. Épouvanté par l'offense au Ciel, Huo accabla sa femme de reproches, mais n'eut pas le cœur de la dénoncer. Quand Huo Guang mourut, fait sans précédent, l'empereur assista à ses funérailles. Il lui fit bâtir un mausolée. Les héritiers de Huo détenaient des charges importantes, menaient grand train. Leur arrogance finit par lasser l'empereur. Or, des rumeurs imputant la mort de l'impératrice Xu aux Huo lui parvinrent. Huo Xian avoua aux hommes de sa famille qu'elle avait bien tué Xu et, de peur que l'empereur ne finît par savoir son crime, elle ourdit de le renverser. Le complot fut découvert, et le clan Huo massacré. Toutefois Xuandi continua d'honorer la mémoire de Huo Guang. Commentant les mérites et les faiblesses de Huo, l'historien Ban Gu (32-92) le jugeait « dépourvu de tout savoir et du moindre talent, ignorant qu'il était des principes majeurs ». Huo n'était pas un lettré et n'avait pas su mener sa famille. L'expression familière « un vrai Huo Guang » qualifie une personne ignorante et incompétente.

La fin des Han antérieurs

Entre – 48 av. J.-C. et 8 apr. J.-C., Yuandi, Chengdi, Aidi, Pingdi et Ruzi Ying sont des jouets débauchés aux mains des lettrés ou des eunuques. La concentration de la propriété terrienne entre les mains de familles toujours moins nombreuses ranime les tensions sociales. La population qui atteint quelque 50 millions d'âmes excède la production agricole. L'époque connaît pourtant des progrès techniques qui favorisent la production.

■ Des progrès sur fond de crise

Mêlant des fers de différentes teneurs en carbone, les Chinois produisent de l'acier. Si les armes de bronze ont disparu, les outils d'acier favorisent le travail agricole et l'expansion des techniques nouvelles que diffusent des agronomes. Tarare rotatif et semoir à rangs multiples allègent le travail des cultivateurs ; la transmission du mouvement circulaire par courroie, celui des tisserandes. La pompe à godets facilite l'irrigation. Les chevaux de trait et de selle, croisés avec des bêtes du Ferghana et nourris de luzerne importée des régions occidentales, deviennent plus résistants. L'âne introduit par les Xiongnu est apprécié par toutes les catégories de la société : il est bon marché et endurant. L'apparition de la brouette équipée au besoin d'une voile favorise les transports de marchandise, tout comme la construction des premières passerelles suspendues et les innovations en matière de navigation : gouvernail, voiles à tringles, voiles multiples. Mais les égoïsmes sociaux font que ces progrès bénéficient principalement aux notables, toujours plus riches. La crise agraire est réelle, le peuple gronde.

Wang Mang et le « communisme confucéen »

Wang Mang, neveu de l'impératrice veuve de Yuandi, va répondre au peuple. En l'an 9, il empoisonne Ruzi Ying et se proclame empereur Xin. Il prétend revenir aux enseignements dits confucéens contenus dans le *Rituel des Zhou* qui date des « Cent écoles », renvoie aux pratiques des Rois sages et présente l'organisation idéale d'une administration mythique. Tout à son texte, le Xin ne fait pas la part entre images et réalités. Ses mesures confiscatoires sèment un désordre effrayant, mécontentent citadins riches et pauvres, ruraux riches et pauvres. Deux jacqueries gigantesques partent simultanément du Shandong et de la plaine centrale ; ancienne noblesse et grandes familles terriennes prennent les armes. Emmenée par les « Sourcils rouges » et son « roi Jing » qui se dit lié aux Han, la jacquerie du Shandong fait front commun avec celle du Henan, finit en 23 par se saisir du Xin et l'assassine. La Chine a commencé à se morceler : Gansu, Sichuan, proclament leur indépendance, vassaux de Mandchourie et d'Indochine reprennent leur liberté, les steppes s'agitent.

Les Han postérieurs

De 25 à 220, la Chine va passer de la stabilité à l'insurrection générale.

Trois règnes d'expansion

Liu Xiu, issu de la lignée de Jingdi mort en − 141, devient Guangwudi (25-57). Il rétablit l'ordre à l'intérieur, et, en une trentaine d'années, l'hégémonie chinoise en Asie centrale, Mandchourie et Indochine. Par la route de la soie, la paix va permettre pendant deux siècles le contact entre Extrême-Orient et Méditerranée. En 166, une mission sera reçue à la cour ; elle serait venue de Rome. À l'intérieur, Guangwudi s'appuie sur les grands propriétaires du Henan où il a installé sa capitale, Luoyang. Leur soutien l'oblige à déconcentrer ses pouvoirs. Cela les affaiblit, mais favorise le commerce, accroît ressources fiscales et crédit moral de l'Empire.

■ Les grandes familles

Pour recruter les fonctionnaires, il accentue l'importance des examens, mais ne peut neutraliser les grandes familles dont la puissance s'accroît à mesure que refluent vers le Sud les populations transférées jadis dans les commanderies frontalières où les remplacent des Xiongnu sinisés. Ces dernières constituent une clientèle corvéable à merci dans la mise en œuvre d'initiatives agricoles heureuses : irrigation, développement de l'élevage, pisciculture. Certaines propriétés sont de vraies principautés, avec leurs industries, leur marché, leur milice qui, en période de troubles, leur assurent sûreté et indépendance économique. Le Han ne peut que composer avec leurs maîtres. Les successeurs de Guangwudi, Mingdi (58-74) et Zhangdi (75-88), poursuivent son œuvre : consolider les frontières, réduire les voisins remuants, assurer avec succès la paix intérieure. Sur l'économie, l'emprise de l'État continue à s'assouplir. Les monopoles sur le sel et le fer sont abolis à la veille de la mort de Zhangdi. Sous son règne, plus de cinquante royaumes de l'Asie centrale ont porté tribut aux Han.

Un siècle de déclin

La succession d'empereurs débiles, dont abuse leur parenté nombreuse, et la puissance croissante des eunuques vont être fatales aux Han. En 135, les maux se conjuguent : les eunuques sont autorisés à adopter des fils. Les rivalités entre eunuques, souvent originaires du peuple, et aristocrates aggravent la situation. L'aristocratie forme un parti dont, en 167, les eunuques triomphent : ses membres démis de leurs charges sont exilés. La défaite n'abat pas les grands dont la puissance dans les provinces est intacte. La lutte trouve sa conclusion durant les insurrections paysannes qui débutent en 184. Revenus au pouvoir à la faveur de ces troubles, les eunuques seront éliminés par Yuan Shao, issu d'une grande famille du Henan, et He Jin, chef de la garde impériale. En 189, Yuan et He prennent Luoyang et y massacrent deux mille eunuques.

Le renversement de la dynastie

Après les inondations dramatiques de 184 dans le bas fleuve Jaune, un fort mécontentement paysan, bientôt mêlé d'une aspiration messianique, va entraîner la chute des Han. Les « Turbans jaunes », soulevés à la limite du Shandong et du Henan, luttent pour l'avènement de *Taiping* – la Grande Paix – qui verra l'égalité de tous et la communauté des biens. Le taoïste Zhang Jiao les mène. En 190, un État est fondé au Shenxi par un autre mouvement messianique, les « Cinq boisseaux de riz ». L'Empire n'a plus qu'une réalité nominale. Le pouvoir est aux généraux qui combattent les jacqueries et rivalisent entre eux.

Cao Cao

Fils adoptif d'un eunuque, Cao Cao est un de ces généraux. La littérature s'emparera de sa figure et le campera dans le fameux roman des Ming, *Les Trois Royaumes*. Grand poète, habile stratège, Cao Cao est aussi un « grand malfaisant » à qui l'histoire impute d'avoir usé des méthodes légistes. Il gouverne sous le dernier des Han en centralisateur autoritaire à la façon de Shang Yang, multiplie les colonies agricoles qui, en temps de troubles, compensent le recul de la production, durcit le système judiciaire, mène une lutte à mort contre des rivaux qui lui donnent du fil à retordre. En 208, il subit un grave revers. La bataille de la Falaise rouge marque la fin de son expansion vers le Yangzi et son échec à conquérir l'Empire. Il se proclame roi de Wei en 220, tandis que ses adversaires se disent, l'un, Sun Quan, roi de Wu, l'autre, Liu Bei des Han, roi de Shu.

La dynastie des Han postérieurs a vécu. La Chine se morcelle : au Wei, le nord, de la Muraille au Yangzi ; au Wu, le Sud ; au Shu, le Sichuan.

Les Han, les lettres, les arts, les techniques

Issus du peuple et familiers des légistes, les Han lèvent en – 191 la proscription des livres et les font reconstituer.

Nouvelle orthodoxie

Certes, les Han obéissent à la nécessité et accordent leur intérêt aux textes qui établissent l'ordre traditionnel. Les artisans de la reconstitution, disciples de Mengzi, travaillent à la renaissance des ouvrages qui nourrissent leur idéal. *Cinq Classiques* et *Quatre Livres* seront édités sur ordre impérial, au Ier siècle avant notre ère. La plupart des « Cent écoles » ont disparu. Survivent l'enseignement taoïste et le culte *huanglao* qu'il inspire ; le courant « confucéen » qui, très syncrétique, fait naître la pensée chinoise officielle. Les lettrés s'imposent aux Han, en leur offrant une tradition propre à donner à leur dynastie sa justification « cosmique » (nous dirions « sa légitimité ») et la liturgie – les rites – laquelle permet de conformer comportements individuels et collectifs à l'ordre universel.

■ Un syncrétisme politique

Outre que Confucius, sa subtilité, son *ren*, sont écartés (supposant trop de libertés), le passé chinois doctrinal revu par Mengzi est codifié en *junwen* – écriture normalisée de Qin. Wudi fonde, en – 136, un collège spécialisé dans les *Classiques* et offre aux lettrés d'entrer dans l'administration par un examen dont la préparation façonne les esprits. *Wujing* et *Sishu* rassemblés, naissent les *weishu*, gnoses nocives aux textes canoniques et aux réalités qu'elles cherchent à cerner. La Chine est embarquée dans un syncrétisme politique dit « confucéen » dont l'auteur le plus représentatif est Dong Zhongshu, mort en – 105. Son *Chunqiu fanlu* qui commente *Les Printemps et les Automnes* est une somme gnostique sur le *yin/yang* et les « Cinq éléments », clé de voûte de l'univers comme de l'ordre moral et public ; il fleure taoïsme, voire légisme, cousine avec le *huanglao* qui pèse sur l'époque et rassemble des principes de bonne gouvernance fondés sur l'ordre cosmique.

■ Le pouvoir des lettrés

Ce pseudo-confucéisme, plein de religiosité à vocation politique, justifie le pouvoir impérial qu'il inscrit dans un ordre repris de Mencius. Les aspirations des « Cent noms », le peuple, représentent *tianyi*, la « volonté du Ciel ». Les lettrés sont voués à interpréter ces aspirations vues comme des signes sibyllins lancés par le Ciel muet, et à guider le souverain auquel le peuple se soumet puisque les lettrés décèlent *tianyi*... Les lettrés s'installent au pouvoir pour 2 000 ans, même si, au fil des dynasties, leur autorité connaît des périodes de recul face au taoïsme et/ou au bouddhisme. Ce dernier aborde l'Empire dès le Ier siècle avant notre ère, il connaîtra un essor considérable sous les Tang.

La pensée confucéenne authentique

La Chine ne serait pas la Chine si des penseurs de valeur ne s'étaient opposés à la réduction politique de la pensée de Kong Qiu et à l'assimilation de contingences scolastiques qu'il préférait ignorer. Wang Zhong (27/100) dont le *Lunheng* défend la tradition des textes en *guwen*, écriture ancienne reconstituée, dénonce les élucubrations des gnostiques. Il rejette *yin/yang*, scolastique des « Cinq éléments » et interférences cabalistiques entre Ciel, esprits et société humaine. Sa position est isolée.

Autres prosateurs

Occupant des positions opposées à celle de Wang, il faut nommer deux prosateurs, Jia Yi, conseiller de Wendi, auteur d'un *Xinshu*, syncrétisme d'idées confucéennes et taoïstes, et son contemporain Liu An, auteur du *Huainanzi*, encyclopédie syncrétique des connaissances de l'époque et reflet unique de tous les mouvements d'idées de la Chine ancienne.

Apparition du bouddhisme

Une légende raconte qu'à l'ère Mingdi des Han, une divinité nimbée du disque solaire apparut en songe à l'empereur, l'invitant à envoyer vers l'Inde une ambassade qui ramenât des moines capables de l'instruire. Il se serait exécuté et la légende eut pour effet que, des siècles durant, les Chinois orthodoxes ont maudit la mémoire de ce « Fils du Ciel ».

Or, dès avant l'ère Mingdi, des communautés bouddhiques existaient notamment le long du Bas-Yangzi ; le bouddhisme n'est pas entré en Chine par une seule voie, à compter du temps où l'Empire a cherché à étendre ses territoires. Les hommes de Wudi ont reconnu des routes vers l'Asie centrale et la Birmanie. Des Chinois y avaient des contacts avec les peuples pratiquant le bouddhisme. À la chute des Han, nombre de Chinois aisés, fuyant les troubles, se sont réfugiés au Tonkin. La mystique taoïste en avait préparé plus d'un à recevoir avec curiosité le message bouddhique répandu dans ce pays.

Un certain Mou fut peut-être le premier Chinois à composer pour les défendre un opuscule sur le Bouddha et sa doctrine. L'adressant à des gens instruits que peut gêner l'exubérance des choses indiennes, il présente l'ascétisme bouddhique comme une pratique audacieuse dont le noble objet autorise à déborder les règles ancestrales.

La constante curiosité que le Chinois cultivé montre pour les nouveautés intellectuelles, l'idée très chinoise qu'on n'a jamais trop de dieux ni trop de pratiques efficaces, suffisaient à faire traduire quelques livres bouddhiques en chinois, à faire admettre aux Chinois la vocation de quelques moines. Mais jamais, le bouddhisme ne fût devenu puissant en Chine si son gouvernement ne s'était morcelé, si des dynasties « barbares » ne s'étaient imposées en terre chinoise. La civilisation nationale résista, non la religion officielle souvent atteinte sous des dynasties éphémères : ce fut la chance du bouddhisme *fo*. Les troubles qui s'étendent du IIIe au VIIe siècle ont offert des circonstances favorables à son introduction, mais la foi nouvelle mit près de cinq siècles à s'établir fermement en Chine.

Histoire

Les Han, soucieux de leur légitimité, montrent de l'intérêt pour l'histoire dont ils entendent être les continuateurs incontestés. Le grand nom de la discipline est Sima Qian (– 145/– 86). Retraçant l'histoire de la Chine depuis les origines, il poursuit l'œuvre entamée par son père Sima Tan, annaliste de la cour. La charge d'annaliste, empreinte d'astrologie, consistait à noter phénomènes célestes et événements humains sur lesquels ils exerçaient leur influence. En −107, Sima Tan mourant demande à son fils de poursuivre sa tâche. Le fils pieux obéit. Ses *Shiji*, « Mémoires historiques », comportent des biographies dont celle de Confucius, et remontent aux empereurs légendaires présentés comme des personnages historiques. Les *Shij*, avec des événements datés après − 841, sont d'une précision chronologique remarquable : année de règne, mois, jour, et d'une fidélité absolue aux documents officiels. Les historiographes chinois se conformeront, jusqu'au début du xxe siècle, à cette rigueur héritée de la seule chronique authentique des *Classiques*, *Les Printemps et les Automnes*.

■ Naissance d'un genre littéraire

Autre historien des Han, Ban Gu (32-92) évoque dans son *Histoire des Han* la dynastie des Han antérieurs des origines à Wudi. C'est la première histoire dynastique. Le genre se poursuivra jusqu'au lendemain de la chute des Ming, en 1644 ; outre sa valeur didactique, il se doit d'être une œuvre de valeur littéraire affirmée.

Poésie et musique

Un genre poétique connaît un long succès à la cour des Han, le *fu*, repris du *Livre des Odes*. Tout lettré se doit de pratiquer ce genre aristocratique savant. L'initiateur en est Jia Yi, conseiller de l'empereur Wen ; son plus fameux représentant est Sima Xiangrou, mort en − 117. Originaire du pays de Chu, sur le Yangzi, Sima est introduit à la cour comme auteur d'un *fu* vantant un site fameux avec un luxe d'érudition. Le genre lie recherche de l'élégance, richesse du langage et des sonorités, préoccupations morales. Sima chante, sur le mode majeur, les chasses du souverain, achève, en mineur, sur les dangers du luxe. En rupture artistique (calligraphique) avec l'écriture uniformisée *jinwen*, l'auteur de *fu* recourt à l'écriture ancienne reconstituée *guwen*. Le genre est cultivé durant les deux dynasties Han. S'y distingue l'historien Ban Gu qui, dans *Le Fu des deux capitales*, décrit Luoyang et Chang'an avec des accents dignes de Sima. Il faut encore nommer Zhang Heng (iie siècle), par ailleurs inventeur du sismographe, Zexi (iiie siècle) et leurs éloges de sites fameux.

■ Un florilège de chants

Le *yuefu* connaît aussi le succès : avec ce « poème à chanter avec accompagnement musical », il s'agit de s'inspirer de chants populaires, voire de chants d'origine étrangère, et des poèmes les plus notables des lettrés, et de créer des œuvres originales. Tous les grands des lettres s'y adonnent. À la poésie aimable, s'ajoutent des œuvres sacrées comme les hymnes sacrificiels de la dynastie plus élaborés que les hymnes archaïques. Des chants profanes, dits eux aussi *yuefou*, sont composés pour toutes les circonstances de la vie officielle. Ils sont d'abord chantés, puis accompagnés seulement d'un instrument, avant d'être dits sans accompagnement. Les chants « barbares » sont principalement influencés par les genres poétiques et musicaux d'Asie centrale, les chants populaires, en vers de cinq pieds, influencent le *gushi*, « poème antique » aux vers de cinq, puis sept caractères, qui aboutira au « poème régulier » ou *lushi*, fixé sous les Tang.

Sciences et techniques

L'époque est féconde en découvertes et innovations. En mathématiques, paraissent racines et équations complexes, nombres négatifs et décimaux qui facilitent la comptabilité ; fractions décimales qui permettent d'affiner les mesures. En sciences naturelles, l'observation des insectes conduit à user, par exemple, de fourmis pour lutter contre les parasites des mandariniers. La découverte de la structure hexagonale des cristaux de neige, « fleur aux six pétales », confirme la « structure cosmique » de l'eau qui, dans la cosmologie chinoise, répond au nombre 6. Zhang Heng a l'idée de la structure stratifiée de la terre, son sismographe est fondé sur la sensibilité à toute vibration excessive d'une colonne de métal pendue au milieu d'une jarre. Zhang Hua constate et décrit des phénomènes de combustion spontanée dus aux stockages trop importants de produits inflammables.

■ Le sens de la trouvaille

Le Chinois observe, constate, énonce, puis passe à autre chose dès que le constat l'a conduit à une trouvaille pratique. En médecine, la constatation du rythme circadien du corps influe sur la prise des potions et l'heure des soins, fait imaginer endocrinologie, fonctions hormonales, maladies carentielles et les réponses que la pharmacopée peut y apporter. Outre les innovations déjà mentionnées, en agriculture et en navigation, de nouvelles techniques industrielles et domestiques voient le jour : le papier, le pied à coulisse, la lanterne magique, la canne à pêche à moulinet, la porcelaine, le ballon à air chaud qui aura une fonction... divinatoire. La cartographie fait des progrès : Zhang Heng, encore lui, recourt à la grille quadrillée afin de préciser itinéraires et distances, et publie un traité (perdu) *Carte à vol d'oiseau*. Les Han réforment le calendrier en – 104. Son exactitude est proche de celle du calendrier julien instauré à Rome en – 49 et utilisé en Europe occidentale jusqu'en 1582. La Chine use du calendrier de Wudi jusqu'en 1912.

Le papier en Chine

Le papier a été inventé au IIe siècle avant J.-C. À la différence de ce que fera l'Europe 1 400 ans plus tard, le papier chinois n'est pas fabriqué à partir de pulpe de bois, c'est une feuille de dépôt de fibre végétale réduite en pâte et séchée sur une pièce de tissu utilisée comme tamis. Le plus ancien morceau de papier connu – une dizaine de cm^2 – provient d'une tombe découverte à Xi'an, et date de Wudi. Épais, rugueux, il ne pouvait servir de support à l'écriture. Le papier n'aura cette fin qu'au début de notre ère. À quoi sert-il à l'origine ? À l'emballage et à des usages hygiéniques. Il sera utilisé contre le froid, quand on aura entrepris de le fabriquer à base d'écorce de mûrier, au Ier ou au IIe siècle de l'ère chrétienne. L'historien Sima Qian rapporte qu'on trouve sur les marchés quantité de pâte à papier dont les artisans font des souliers, des couvertures et même des armures. Dès avant l'apparition du papier proprement dit, les Chinois usaient de la pâte d'écorce de mûrier pour faire des objets usuels, notamment des chapeaux qui les protégeaient de la pluie comme du soleil !

Des fouilles opérées dans le Nord ont révélé le décor de la vie au temps des Han : étuis à rouleaux, coffres, coffrets à bijoux, boîtes diverses, souvent laqués, nécessaires de toilette, coupes et bols, cuillères, plateaux, tables, dessus de meubles divers. Les laques portent des dessins (dragons, nuages) or et rouge sur fond noir, plus rarement vert ou jaune sur fond rouge. La petite céramique présente des maquettes minutieuses d'habitation : maisons de plaisance sur pièce d'eau, maisons de ferme avec leurs porcherie, vivier, volière, etc. ; y figurent également des réductions de mobilier, d'outils aratoires, d'instruments et ustensiles de toutes sortes. D'alors date le *penjing* (« paysage en pot »), il deviendra *penzai* (« arbre en pot ») ; le Japon, cinq ou six siècles plus tard, en fera le *bonsaï*.

Chapitre 5

Le « Moyen Âge » (220-589)

Les Trois Royaumes et la réunification Jin

Les royaumes de Shu, Wei et Wu s'affrontent pour dominer la Chine. Wei est dans la vallée du Huanghe, Shu, au Sichuan, Wu, dans le Bas-Yangzi. Chacun est décidé à réunir l'Empire sous sa seule autorité. Cao Cao du Wei est la grande figure de cette époque. Pour garder la Chine du Nord des nomades, il rebâtit la Muraille au prix de réquisitions douloureuses. Il meurt en 220 ; son fils Cao Pi continue la lutte. Asie centrale et steppes sont abandonnées, le pays est ruiné, la population gravement éprouvée par des massacres, pillages, invasions barbares et autres calamités. Cao Pi réagit. Wei rétablit brièvement une apparence d'unité chinoise en 260. Son triomphe est de courte durée. Une des grandes familles dont sa politique a favorisé l'enrichissement, les Sima, lui ravit le pouvoir en 265. Sima Yan (265-290) fonde une nouvelle dynastie impériale, les Jin (265-316), qui a deux capitales, Chang'an et Luoyang.

Au fossé de la Muraille

« *Mon cheval s'abreuve au fossé de la Muraille,*
L'eau glacée le saisit jusqu'aux os.
Je suis un homme et aimerais mourir au combat.
Amer destin que de bâtir la Muraille... Qu'elle est immense !
Le mandarin y appelle des jeunes hommes par myriades.
Nombreuses seront au pays les jeunes veuves esseulées. [...]
À ma femme, je vais écrire : Remarie-toi, sers une nouvelle belle-mère,

Songe à moi de temps en temps.
[...] Mon malheur est immense, pourquoi la retiendrai-je ?
Il faut ne plus élever de garçons, ne nourrir que des filles !
Les cadavres et les os de dix mille morts
S'entassent au pied de la Muraille ! »

(Chen Ling)

Vers la guerre civile

Malgré la réunification par les Jin, l'Empire poursuit sa décomposition. Cui, Xiahou et autres, qui possèdent des terres immenses récupérées sur les colonies fondées par Cao Cao, provoquent des troubles, se conduisent en féodaux, perçoivent l'impôt, nomment leurs fonctionnaires. Les rivalités tournent à la guerre civile. Les Barbares cantonnés le long des frontières en profitent, multiplient les razzias. La nature s'en mêle : le début du IVe siècle connaît sécheresses exceptionnelles et sauterelles. La famine accroît les effets de la révolte, la population a bientôt diminué de moitié. Tibétains du Sichuan et Xiongnu du Shenxi pourtant sinisés proclament leur indépendance. En 311 et en 316, les Xiongnu s'emparent de Luoyang, puis de Chang'an. Les Jin se replient sur le Bas-Yangzi et s'installent à Nankin. Les populations *han* fuient devant la poussée « barbare » et se regroupent d'une part dans le Bas-Yangzi, et d'autre part dans le moyen Yangzi, le Yunnan et même le bassin indochinois du fleuve Rouge.

Temps barbares (304-589)

Comme notre Moyen Âge si longtemps décrié, les Chinois voient dans leurs IIIe, IVe, V^e et VIe siècles une période obscure. Mais ce temps de grande instabilité n'est pas plus que nos « âges gothiques » une ère de « barbarie ». La Chine classique s'y élabore : technique et art de vivre, arts, commerce, religion, sagesse.

Le Sud aux « Six dynasties »

Si la Chine du Nord se morcelle, un prince Jin installé à Jiangang (Nankin), en 318, y restaure sa dynastie, les Jin de l'Est. La Chine, au sud du Huanghe, reste prospère grâce à ses relations maritimes avec le Japon et l'Indochine. Elle connaît un régime aristocratique. Le peuple est divisé en « jaunes » et « blancs », les uns, autochtones, les autres, récents immigrés du Nord. Les grandes familles, endogames, hiérarchisées, exemptées d'impôts, assurent l'administration de l'État et se le disputent parfois les armes à la main. Si les paysans grondent, les Jin conservent le pouvoir près d'un siècle, l'étendent même au Sichuan en 347, avant d'être chassés au début du Ve siècle et remplacés par les Liu Song. Cette dynastie est fondée par le général Liu Yu, vainqueur, en 402, de la jacquerie menée par la secte des « Cinq boisseaux de riz ». D'origine paysanne, il lutte en vain contre le pouvoir des grandes familles, plus heureusement contre les « barbares » venus du Hebei et du Shenxi.

■ Un carrefour économique et culturel

Les Liu Song connaissent la paix de 424 à 453, renouent avec l'Asie centrale et le Japon, puis sont bousculés. Suivront la dynastie des Qi (479-502) qui réduit le pouvoir de l'aristocratie avec une telle violence qu'elle suscite une réaction victorieuse des aristocrates, et la dynastie Liang (502-557) qui voit l'émergence du pouvoir marchand lié à l'essor économique du bassin du Yangzi. Les Liang sont malmenés par un « condottiere » du Nord à leur service, Hou Jing, qui se proclame empereur et est tué. Puis ils sont renversés par un officier venu de Wuchang (Hubei), Chen Baxian, qui prend le pouvoir et fonde la dynastie Chen (557-589). Jiangang tout ce temps est un important carrefour économique et culturel. Taoïsme et bouddhisme se développent. Wu, Jin, Liu Song, Qi, Liang, Chen sont appelés les « Six dynasties ».

Le Nord aux « Cinq barbares »

Que se passe-t-il au Nord du Huanghe et jusqu'en Asie centrale d'où les Jin ont été chassés en 316 ? Les « Seize royaumes des cinq dynasties » se le partagent. Xiongnu, Tibétains du Sichuan qui font fuir les populations *han* vers le Sud, ne sont plus de frustes pasteurs nomades. Ils sont plutôt sinisés dans leurs institutions et leur mode de vie. La Chine jusqu'au XIXe siècle assimilera tous ses envahisseurs. Émancipés au début du IVe siècle, ces royaumes vont le demeurer jusqu'au milieu du Ve, quand les réunissent les Wei du Nord (439-534), issus des Xianbei, des Mongols installés au nord du Shanxi depuis les années 380. La période des « Seize royaumes des cinq dynasties » (316-439) est si confuse, avec ses annexions successives, ses apparitions de nouveaux pouvoirs, ses changements de capitale, qu'un exposé schématique en est impossible. Les Chinois nomment communément « Cinq barbares » ces Xiongnu et autres Jie, ces Qiang et autres Di – si souvent sinisés. Leurs classes dirigeantes se voient les héritières des anciens États de la Chine du Nord, se donnent des noms repris des dynasties Han ou des Royaumes combattants. Elles cultivent tant le métissage avec les Han qu'on tenterait en vain de savoir qui est chinois ou ne l'est pas.

> **Un royaume tibétain**
> Événement de ce temps, la constitution entre 351 et 394 d'un royaume fondé par une famille tibétaine établie à Chang'an, les Qin antérieurs. Elle réunit le Nord sous son autorité durant quelques années (370-376) et menace les Jin de l'Est jusque dans la vallée du Yangzi.

Avec le Ve siècle, vient l'heure des Wei du Nord. Ils étendent leur pouvoir sur la Chine du Nord des dernières années du IVe siècle à 440. Organisés sur le mode légiste : administration, partition territoriale, distribution de la population, ils pratiquent d'importants transferts de populations à des fins militaires et économiques. Sinisés, ils éprouvent le besoin de transporter leur siège à Luoyang, ex-capitale des Han. Elle leur permet un contact aisé avec le Sud et favorise le contrôle et l'écoulement des produits de leurs possessions d'Asie centrale.

■ La sinisation

Séparés politiquement, Sud et Nord vivent en symbiose. Leur sinisation va causer la perte des Wei du Nord. Souverains et aristocratie sont très sinisés, population et soldats, peu. Les premiers se désintéressent des seconds. Les troupes qui veillent au Nord se révoltent en 523, prennent Luoyang, en 528. Monarque et courtisans sont massacrés. Les chefs de la rébellion se partagent l'Empire Wei. L'un, installé à Ye, au Hebei, fonde les Qi du Nord et est hostile à la sinisation ; l'autre, installé à Chang'an, les Zhou du Nord et y est favorable. S'ensuivent 50 ans de combats et de massacres. Les Zhou en sont vainqueurs en 577. En 581, Yang Jian, cousin des Zhou, les renverse, se proclame empereur et crée la dynastie des Sui. En 589, toute la Chine est à lui.

Fécond Moyen Âge

« La période qui s'étend de la décadence des Han à la formation de l'empire des Sui et des Tang, étonnamment féconde, abonde en nouveautés : c'est le développement d'une métaphysique qui s'est entièrement dégagée de la scolastique de l'époque précédente et qui s'enrichit à partir du début du IVe siècle de nombreux apports bouddhiques ; l'affirmation d'une sorte de dilettantisme artistique et littéraire, une recherche du plaisir esthétique pour lui-même qui est en contradiction absolue avec la tradition classique ; la promotion de la peinture du rang de métier artisanal à celui d'un art savant, riche en contenu intellectuel, et la première apparition dans l'histoire du monde du paysage comme objet de la peinture et comme création artistique ; un essor sans précédent de la poésie. C'est enfin le développement d'un formidable mouvement de ferveur religieuse aux aspects si divers et aux effets si vastes et si nombreux qu'ils peuvent à peine être évoqués dans une histoire générale du monde chinois. » (Jacques Gernet, *Le Monde chinois*)

Chapitre 6

Les Tang (618-907)

Le règne des Sui précède l'avènement des Tang, en 618, qui ouvre une des périodes les plus contrastées, les plus spécifiquement chinoises de l'histoire de Chine.

Les Sui

Yang Jian, Sui Wendi de Chine du Nord (581-589) puis de Chine (589-604), et Yangdi, son fils (604-618), sont les seuls souverains Sui. Si son existence est brève, la dynastie réunifie l'Empire après quatre siècles de troubles, réalise de grands travaux et favorise l'introduction du bouddhisme. Souverain du Nord, Wendi prend les armes contre l'empereur Chen qui règne à Nankin, s'empare de la Chine du Sud et installe sa capitale à Chang'an. La réunification s'accompagne d'un retour autoritaire au système centralisé des Han. Wendi renforce la Muraille et le réseau des canaux. Yangdi entame la construction du Canal impérial, indispensable axe nord-sud du pays, levant des millions d'ouvriers, rebâtit Luoyang et en fait sa seconde capitale. Ces entreprises gigantesques laisseront un souvenir douloureux dans la population et ne sont pas étrangères à la disparition rapide des Sui. Yangdi ne survit pas aux échecs de trois campagnes contre la Corée et à leur coût financier et humain. Plus d'un million de morts, un État en banqueroute entraînent un soulèvement populaire. Yangdi s'enfuit en Chine méridionale, il y est assassiné.

Les trois premiers Tang

Les Tang paraissent en 617, quand Li Yuan, gouverneur du Shanxi, s'allie avec les nomades contre qui il défend la frontière du Nord, prend Chang'an, puis se proclame Tang *Gaozu*. Le monde chinois est prospère. Le *Gaozu* et ses successeurs entendent dominer l'Asie. La situation demeure favorable jusqu'au milieu du VIIIe siècle, malgré les crises dynastiques. Li Yuan (618-626) a installé un gouvernement repris du modèle *han* et y a intégré des sections techniques confiées à des experts plutôt qu'à des lettrés. Son bon fonctionnement permet une augmentation considérable du budget de l'État, favorisée par l'accroissement de la population qui atteint à nouveau 50 millions d'âmes à la fin du VIIe siècle. Li s'ouvre au bouddhisme et en accroît l'essor. En 626, son fils Li Shimin tue ses frères qui intriguaient et contraint son père à abdiquer. Devenu empereur Taizong (626-649), il connaît un des grands règnes de l'histoire dans le domaine militaire comme dans celui des arts et de la pensée. Son fils Li Zhi, empereur Gaozong (649-683), suspend un temps les opérations militaires, puis les reprend. Prince bienveillant mais irrésolu, il abandonne le pouvoir à l'impératrice Wu Zhao qui se fait accorder le titre de *Tianhou*, « impératrice du Ciel ».

Guerres et paix selon les Tang

De 626 à 683, une série de campagnes victorieuses contre les Turcs orientaux permet aux Tang de rétablir l'autorité chinoise de la Mongolie à la vallée de l'Ili. Cambodge et Champa, Corée, sont intégrés à l'Empire. En 630, Taizong a reçu du Japon une « mission tributaire » (appellation dont le *Libu*, « ministère des Rites », revêt toute ambassade étrangère). Les Tang ne connaissent de déconvenues que face aux Tibétains dans les marches occidentales du Sichuan et au Yunnan. Ils demeurent hostiles, malgré le mariage, en 641, de Songtsan Gambo, roi des Tubo, avec Wencheng, fille de Taizong – qui leur apporte le bouddhisme. En 678, ces pillards, terreur de la route de la soie, dispersent les armées chinoises envoyées contre eux dans le Koukounor et raflent tous leurs chevaux. Militaire ou négociée, l'expansion coûte cher en argent et en hommes. La conscription déplaît aux lettrés, aux propriétaires terriens et au clergé bouddhiste toujours plus puissant. Ce mécontentement accélère l'effacement de Gaozong et mène la *Tianhou* Wu à abandonner la politique conquérante. Cette suspension apaise les protestataires et soulage le peuple qui, la paix revenue, accroît la prospérité.

La parenthèse Zhou

L'impératrice Wu a des idées politiques, place ses parents partout et devient vite le véritable souverain. Elle est hostile au service militaire obligatoire, aux impôts et corvées arbitraires. Au luxe aussi, dit-elle. Mais rien n'est jamais trop beau pour elle. Malgré le recours plus régulier au recrutement des fonctionnaires par examens, elle s'aliène les confucéens, parce qu'elle est taoïste, puis bouddhiste, et surtout femme sortie de son rôle.

L'impératrice du Ciel
Née en 623, Wu est belle, intelligente, poète et calligraphe. Elle a une volonté de fer. Un jour que dans les écuries impériales un cheval demeure rétif aux meilleurs cavaliers, elle déclare que le moyen d'en venir à bout est de le battre avec une cravache de fer, au besoin de le tuer. L'audace ne la rebutera jamais, ni le crime. Entrée au Palais à 13 ans comme concubine de Taizong, mais incapable de gagner ses faveurs en lui donnant un fils, elle choisit de le servir comme secrétaire et le fera 12 ans durant. Quand Li Zhi devient empereur Gaozong, son épouse, qui espère se servir de Wu, lui fait quitter le couvent où sont recluses les concubines du souverain défunt. Wu intrigue, calomnie, tue et devient impératrice.

À la mort de Gaozong, Wu fait taire les mécontentements politiques et conserve le pouvoir sous l'autorité nominale de Zhongzong, fils de Gaozong, qu'elle destitue bientôt au bénéfice de son frère Ruizong. En 684, elle se proclame « empereur » avec le soutien de l'Église bouddhiste. L'« empereur » Wu, diligent(e), accommodant(e) au besoin, sujet(te) toujours à des haines violentes qu'« il » assouvit dans le meurtre, sait aussi s'en garder si son intérêt le commande. Rompu(e) à la conduite des affaires, Wu mène une politique profitable à ceux dont elle a besoin : monastères bouddhistes, princes de sa famille, hauts fonctionnaires. Le peuple gronde. Femme assumant la charge d'un homme,

Wu est un vivant scandale pour les notables qui ne profitent pas de son pouvoir. En 690, Wu renverse la dynastie des Tang, se proclame Wu « *conforme au Ciel* » – *Zetian* des Zhou, et déménage sa capitale à Luoyang, loin des grandes familles du Shenxi. Wu abdique en 705, rend le pouvoir aux Tang, et meurt.

Deuxième période Tang et âge d'or Xuanzong

Zhongzong est restauré, mais le pouvoir passe à son épouse Wei qui veut jouer le même rôle que Wu. En 710, le prince Li Longji massacre Wei et son clan, installe son père Ruizong qui abandonne le trône en 712. Né en 685, Li Longji sera l'empereur Xuanzong (712-756). Sa période *Kaiyuan* (713-742) est l'âge d'or des Tang pour la pensée, les lettres, les arts. Il remet de l'ordre dans les finances, apure les mœurs politiques. Mais leur restauration a ramené autour des Tang les grandes familles qui disputent le pouvoir aux mandarins recrutés par concours. L'empereur joue de son autorité et bride les ambitions. C'est la paix à l'intérieur, une paix armée, et le système agraire ne cesse de se dégrader. Agressions étrangères : Tibétains, Arabes, nomades dans les marches, réorganisation des armées, alourdissent les dépenses militaires, multipliées par sept de 713 à 755, sans que l'Empire ne remporte jamais de victoire décisive. En 723, le royaume des nomades Mohe, sur le fleuve Amour, devient préfecture chinoise. Mais, en 745, les armées impériales ne peuvent empêcher la création d'un royaume ouïgour sur le Tarim ; en 751, elles sont écrasées par les Arabes sur le lac Balkhach. Demi-succès et vrais revers développent l'influence des chefs de guerre qui disposent de contingents toujours plus importants de soldats de métier.

■ Sous l'empire d'une Grande Concubine

Xuanzong règne trop longtemps et tombe sous la coupe d'une favorite qui sans être avide comme Wu n'en joue pas moins un rôle néfaste. Yang Yuhuan est entrée au Palais en 745 comme *guifei*, « Grande Concubine », l'empereur sexagénaire est subjugué. Un général proche de lui, An Lushan (métis turc), use des difficultés de la situation militaire pour se faire confier une armée considérable. Il a le soutien du principal ministre Li Linfu, aristocrate qui hait les Yang que la *guifei*, leur parente, place partout. En 752, Li meurt. An dispute le poste vacant à un cousin de la favorite à qui Xuanzong ne refuse rien. Le Yang reçoit la charge. An rejoint ses troupes. Fin 755, il marche sur la capitale. L'empereur s'enfuit au Sichuan et abdique en faveur de son fils Suzong. En route, ses propres hommes tuent la *guifei* qu'ils chargent des malheurs de l'Empire. La guerre civile va durer huit ans. Le système politique et militaire mis en place dans les marches va se désagréger. An prend Chang'an, met la main sur le trésor, se proclame empereur et meurt l'année suivante. Son lieutenant Shi Siming le remplace, il sera battu par Guo Ziyi et Li Guangbi, généraux de Suzong (756-762), qui avec l'aide des Tibétains et des Ouïgours reprennent les capitales et l'écrasent en 763. À quel prix ! Les alliés dont la Chine va devenir tributaire se conduisent en vainqueurs, demandent des prix exorbitants pour remonter sa cavalerie, alors que les gouverneurs des provinces du Sud ont cessé d'acheminer l'impôt vers Chang'an. La Chine du Nord est dévastée, l'État ruiné.

Troisième période Tang : crépuscule orageux

Quand Shi est vaincu, Suzong est mort, assassiné sans doute par l'eunuque Li Fuguo et ses pareils de retour au pouvoir. L'impératrice se méfiait d'eux, elle a été empoisonnée. Li pense confiner leur fils Daizong (762-779) dans le palais. Mauvais calcul, l'eunuque est égorgé. Des Tibétains occupent Chang'an, pillent les élevages chinois. Daizong commande à Guo Ziyi de les combattre, il les vainc rapidement. Daizong assume le pouvoir, mais, pieux bouddhiste, investit dans les sanctuaires des sommes qui excèdent les possibilités de l'Empire, accélérant le déclin de la dynastie. Dezong (780-805), terne mais diligent et frugal, procède à des réformes administratives et fiscales, veut limiter les pouvoirs des gouverneurs militaires. Il lui faut fuir Chang'an et n'y revenir qu'après s'être s'engagé à ne toucher à rien.

L'emprise des généraux eunuques

En 805, Shunzong, prince volontaire, lui succède, mais il est frappé d'une attaque et abdique. Xianzong (805-820) lutte contre les généraux, rend stabilité à l'Empire, autorité à l'empereur. Il a la faiblesse d'accorder des pouvoirs militaires aux eunuques et les met en situation de dominer tout empereur, voire de tuer celui qu'ils ne domineraient pas. La fin dure un siècle. L'alcoolique Muzong (820-824) néglige ses devoirs, amène les militaires à défier à nouveau le pouvoir ; ses eunuques intriguent, la corruption est partout. Jingzong (824-826), son fils, 15 ans, tout au plaisir, laisse le pouvoir aux eunuques qui l'assassinent. La misère s'étend dans les campagnes. Wenzong (826-840), frère cadet de Jingzong, assiste impuissant aux rivalités entre eunuques et ministres loyaux. En 835, il projette le meurtre des eunuques. L'affaire éventée, il est consigné dans ses appartements, ses ministres loyaux sont exécutés. Son frère Wuzong lui succède en 840. Pour faire face aux Ouïgours qui ont attaqué le Gansu, et renflouer les finances au plus bas, réduire les généraux eunuques et occuper réellement le trône, ce taoïste convaincu ferme les sanctuaires bouddhistes et confisque leurs biens. C'est le Grand Interdit de 845. Or, son fils Xuanzong (846-859) qui lui succède dès l'année suivante, en annule les effets. Il règne sous la coupe des eunuques et, s'il parvient à rétablir les finances, son fils Yizong (859-873), un ivrogne, les épuise, puis pressure le peuple. Des révoltes éclatent qui vont ravager la Chine pendant 25 ans et tuer un tiers de la population qui avait atteint 75 millions d'âmes. Xizong (874-888) voit le début de la révolte de Huang Chao qui va dévaster le pays. Il se replie sur le Sichuan, a perdu sa capitale et tout pouvoir.

La révolte de Huang Chao

Xizong n'est pas long à apprendre que des bandes de mécontents se sont soulevées au Shandong. Croyant le gros de la population en paix, il lui fait distribuer des armes afin que les rebelles soient réduits. Illusion. Les troubles gagnent le Henan, passe le Yangzi, s'étendent jusqu'au Guangdong. Les insurgés suivent Huang Chao, un lettré bouddhiste qui prétend réparer les injustices. Dans le plus complet aveuglement, ils détruisent tout sur leur passage, coupent même les mûriers, et les vers à soie périssent. Adieu l'argent attendu de la vente des étoffes précieuses ! Les producteurs du Sud demandent réparation aux révoltés qui rejettent la responsabilité du désastre sur les artisans et, surtout, les négociants, principalement des étrangers d'Asie centrale. Leur compte est bon ! Les marchands éliminés, la prospérité ne revient pas, et pour cause... Les rebelles venus du Nord supportent mal les températures tropicales du Guangdong. La malaria entre dans la danse, puis la variole. Huang Chao ramène ses troupes vers le fleuve Jaune. En 880, il prend Luoyang ; en 881, Chang'an. L'empereur Xizong fuit vers le Sichuan. Le « Fils du Ciel », qui n'a pas de concubine à sacrifier à la colère des révoltés, fait appel à un puissant voisin « barbare » du Gobi, Li Keyong, et achète le lieutenant de Huang, Zhu Wen. Il n'est plus rien, mais Huang Chao est mort et ses troupes sont massacrées ou dispersées.

Sous le règne du frère de Xizong, Zhaozong (889-904), la dynastie tombe en poussière. Le « seigneur de la guerre » Zhu Wen l'assassine, en 904, le remplace par son fils Aizong, 13 ans, et s'empare de l'Empire. Le dernier Tang abdique en 907. Zhu Wen se proclame *Taizu*, « ancêtre fondateur » de la dynastie des Liang.

Les lettres, les arts, les techniques

Sous les Tang, la pensée chinoise s'enrichit, rayonne ; arts et littérature aussi. Comme l'économie qui s'ouvre au monde et sur le monde, la culture a des relations avec l'extérieur, elle reçoit et elle offre. Si la Chine, alors plutôt taoïste et curieuse, s'ouvre aux courants du dehors – bouddhisme, islam, christianisme nestorien, zoroastrisme –, des étudiants venus d'Indochine, de Corée, du Japon, rapportent chez eux la culture qui va ancrer leur pays dans l'univers « confucéen ». Arabes, par mer, Persans, par la route de la soie, introduisent des produits nouveaux : rubis, saphirs, perles de Ceylan, diamants de l'Inde, corail de Méditerranée, ambre et ivoire, cannelle cingalaise, poivre de Java, myrrhe arabe, aloès africain et autres corps aromatiques ou médicinaux. Ils pèsent sur l'évolution des arts et du mode de vie. À la faveur de ces apports sans doute, poésie, musique, peinture connaissent un élan notable. L'ouverture sur l'extérieur stimule toute création et le poète Li Bai (701-762) chante le « *plaisir du marchand* » :

« *Le voyageur des mers chevauche le vent céleste*
Qui emporte son esquif aux pays lointains
Sans plus laisser de trace
Que l'oiseau dans les nuages. »

Évolution de la pensée chinoise sous les Tang

La pensée chinoise évolue dès avant les Tang, sous l'effet d'une religion taoïste organisée et d'une puissante Église bouddhiste. Les pèlerinages chinois vers l'Inde bouddhiste ont commencé aux IIIe-IVe siècles. Le bouddhisme s'étend malgré la résistance de l'orthodoxie. Des Chinois se convertissent, permettant à la doctrine indienne qu'ils sinisent de se constituer en une religion chinoise, *fojia*, qui pèse sur la pensée de l'Empire. La notion de *dao* s'enrichit d'acceptions bouddhiques. Le *daoyan* par exemple est « intelligence (bouddhique) de la vérité ». Naît la secte *chan* (*chan na*, « concentration de l'esprit ») qui poursuit l'éveil à la façon du *Dhyana*, école contemplative indienne. Elle jouira d'une grande audience sous les Tang. Comme le *dao* du confucéisme original, elle est « intuition du cœur », a pour condition un état de paix qui éloigne les illusions extérieures. Le bouddhisme, mouvement sectaire d'origine étrangère (deux fois suspect), va suppléer les insuffisances de la religion officielle. Le peuple y est sensible. Les contes fantastiques, souvent d'origine indienne, le familiarisent avec la métempsycose dont les métamorphoses animales paraissent illustrer la doctrine.

■ Vers le Grand Interdit

Les Tang manifestent un intérêt officiel pour le bouddhisme. Taizong installe le moine Xuanzang (602-644) à Chang'an afin qu'il y traduise les textes qu'il a rapportés de l'Inde, Gaozong y fait bâtir la pagode de la Grande oie sauvage afin d'y conserver textes et traductions. Wu s'appuie sur l'Église bouddhique pour des raisons tant personnelles que politiques, en accroît les richesses comme le crédit. L'essor se poursuit jusqu'à susciter le Grand Interdit. Le taoïsme, classé longtemps doctrine hétérodoxe, concourt à la formation de mouvements sectaires dont les chefs prennent un poids politique. Le plus célèbre est celui des « Turbans jaunes », au IIIe siècle, Zhang Jiao. Placé sous l'invocation du

« *dao* de la Grande Paix », il précipite la chute des Han. Aux siècles suivants, les mouvements sectaires non séditieux ont leurs lignées de pontifes : ces « Maîtres célestes » diffusent une doctrine orientée vers le mysticisme. Un clergé taoïste se constitue, perçoit la dîme. Les progrès sont déterminants sous les Tang : au milieu du VIIIe siècle, malgré l'hostilité persistante des confucéens, l'Empire compte plus de quinze cents temples taoïstes. À la même époque, islam, christianisme nestorien, zoroastrisme, touchent la Chine, reçoivent l'autorisation d'être pratiqués et prêchés. Le Grand Interdit contre les religions étrangères vise principalement le bouddhisme et ses richesses, il manque son but. Christianisme et zoroastrisme ne s'en relèveront pas, l'islam demeurera marginal.

Les chrétiens sous les Tang

La *stèle de Si-ngan-fou* (Xi'an) composée en 782 rapporte qu'à l'ère Taizong, des prêtres occidentaux conduits par leur chef Olopen, « homme de grande vertu à la doctrine admirable qui enseigne la voie du salut », sont arrivés de Daqin (« terre au-delà du Qin, l'Occident chinois », le monde romain), pour prêcher leur religion. « Ils en apportaient les Écritures et les images. [...] Quand Gaozong succéda à son père, il fit de grands honneurs à Olopen et bâtit des églises à son dieu dans toutes les provinces. Les bonzes excitèrent une grande persécution contre les fidèles, mais deux personnes très zélées défendirent la foi qui reprit son premier éclat et fut affermie par l'empereur lui-même. Il fit mettre dans leur temple les tablettes de ses prédécesseurs ; il honora le prêtre Kihe nouvellement arrivé de Daqin. L'empereur Suzong leur bâtit cinq temples. Les empereurs suivants affirmèrent dans leurs édits la beauté de leur doctrine et firent des offrandes à leurs autels. [...] C'est pour conserver la mémoire de ces grandes actions et les faire passer à la postérité que nous élevons ce monument en cette deuxième année de l'ère Dezong. »

Le « Grand Siècle de la poésie chinoise »

L'abondante poésie *tang* est de grande qualité. Impossible de nommer tous les poètes. En 1705, une anthologie, *Quantangshi*, réunit 48 900 poèmes de 2 300 auteurs ! Li Bai, Du Fu, Wang Wei réagissent à la période précédente et ramènent leur art à la pureté du *lushi*, le

« poème régulier » classique. Sans nuire à la diversité. Li Bai, c'est l'inspiré taoïste, ivre de nature et de vin, amoureux sensuel ; son verbe aux dehors spontanés sonne libre et sauvage :

> *« Entre les fleurs ma cruche de vin*
> *N'était la lune je bois seul*
> *Avec mon ombre nous sommes trois*
> *La lune ne boit pas ni l'ombre qui me poursuit*
> *Mes compagnes de l'instant*
> *L'occasion fait le larron*
> *Je chante la lune musarde mon ombre titube*
> *Jusqu'à l'ivresse rions ensemble !* »
>
> *(Li Bai)*

Du Fu (712-770) est méditatif, d'inclination confucéenne ; souvent grave. Le préoccupent les menaces que les faiblesses de la dynastie font peser sur la patrie et les vicissitudes que connaît le petit peuple. On vante la perfection à laquelle atteint chez lui la forme. Wang Wei (701-759), peintre majeur également, bouddhiste d'inspiration, se laisse aller aux rêveries sur la nature et ses vers entraînent son auditoire au recueillement. Quand la décadence politique s'accuse, Bo Juyi (772-846), bouddhiste aussi, fustige d'une langue vive les vices de la Cour et entonne des ballades satiriques sur le mode des rengaines populaires. Différent, Li Shangyin (813-858) : ses vers difficiles bâtissent des images, revêtent des tournures allusives qui concourent à un symbolisme à facettes. Ces vers réguliers offrent sa forme définitive à la prosodie qui repose sur un balancement tonique cadencé et les symétries sémantiques. Dans chaque distique, un mot répond à un autre par la sonorité et le sens. Le monosyllabisme du chinois s'y prête magnifiquement. Le jeu des tonalités agit sur l'ouïe autant que sur l'entendement dans une pleine association esthétique.

■ Du vers à la prose

La prose de l'époque revient au *guwen*, l'écriture ancienne, et à son balancement logique. Le *guwen* sert à la rédaction d'ouvrages d'histoire, de réflexion, à la dissertation morale et religieuse, aux poèmes en prose, comme *Promenades*, de Liu Zongyuan (773-819). La rigueur syntaxique concourt à la précision. Une prose moins exigeante enrichit la tradition du conte et du roman fantastique en veine sous les Six dynasties.

Musique

En Chine, la musique n'est jamais loin de la poésie dite aux accords du *qin*. Pas un vrai lettré qui ne joue des sept cordes du vénérable luth dû à Shennong. Sous les Tang, la prospérité qu'a longtemps connue la dynastie et la politique de divers empereurs valent à musique et danse d'atteindre un sommet. Pour Taizong, recueillir les airs populaires permet de mieux connaître les sentiments du peuple. Son culte de la musique se heurte aux confucéens pour qui la pratique excessive des arts mène à la ruine. Il passe outre et, pour enrichir les pratiques qui concourent à maintes liturgies, fonde une école de musique et une école de danse. Musiciennes et danseuses apprennent à maîtriser *pipa*, guitare à quatre cordes, *konghu*, cithare à cinq ou à vingt-cinq cordes, *sanxian*, instrument à trois cordes pincées.

■ La première école d'art dramatique

La naissance de l'opéra chinois est attribuée à Xuanzong qui fonde le *Liyuan*, « Parc des poiriers », première école d'art dramatique connue. *Liyuan* forme chanteurs, danseurs et musiciens qui jouent du *qin*, du *se* et du *zheng*, instruments à cordes pincées, du *huqin*, ou *violon chinois*, de la flûte, du hautbois, du tambour *tangu*, des cloches et pierres sonores. Conséquence de l'ouverture de l'Empire, la musique indienne y pénètre par l'Asie centrale, le Cambodge et le Champa. La Chine accueille alors beautés, talents et vertus de l'étranger, entend s'en enrichir. Des études théoriques sur la musique se font jour, la plus ancienne concerne le *qin*. L'archéologie a permis de découvrir, outre des instruments intacts, des tablettes avec instructions de jeu et des partitions d'orchestre.

Calligraphie et peinture

> « Sur la Voie de la peinture, suprême est le lavis à
> l'encre. » (Wang Wei)

La calligraphie allie peinture et écriture. Étranglée par le Qin, reparue sous les Han, florissante au « Moyen Âge » qui la voit forte et serrée au Nord, gracieuse au Sud, la calligraphie est, ô paradoxe, une « quête de l'ineffable » à travers... les mots ! Manifestation suprême de l'art à l'œil et au cœur chinois, elle use des « quatre trésors » : papier, encre, pierre d'encre, pinceau. Recours des peintres, ces « trésors » reflètent l'intime relation entre peinture et calligraphie. Élément essentiel, dans l'une et l'autre, le trait variable en épaisseur et tonalité. Le trait... et l'encre. La couleur ne joue qu'un rôle mineur, allusif.

Depuis les Han, l'être humain est sujet récurrent des peintures chinoises. Sous les Tang, les artistes abandonnent lyrisme et fantaisie, le réalisme se fait jour jusque dans la peinture de cour, portraits, scènes de palais, images des animaux étranges envoyés en tribut par les vassaux, figures des chevaux impériaux avec soldats, officiers, palefreniers. Qui ignore *Chevaux et palefrenier*, de Han Gan ?

Han Gan (VIIIe s.), *Palefrenier et chevaux*, Tang, Musée du palais Taipei.

> **Shanshui, selon Wang Wei**
>
> « Commencez par poser les eaux et leurs limites en évitant absolument les "montagnes flottantes". Déployez ensuite les chemins et leurs jonctions, sans toutefois tracer des "routes aboutées". Que le sommet-hôte domine de sa hauteur les montagnes-convives courant à sa rencontre. Le moine vivant dans ces replis et ces creux peut y construire sa cabane ; les gens qui vivent au bord de l'eau y installent leur maison. En plaçant une poignée d'arbres près d'un village, on lui donne tout un bois. Les branches doivent faire corps avec le tronc. La rencontre d'un pan de montagne et d'un cours d'eau engendre naturellement une cascade. Que les sources ne s'écoulent pas confusément... Les gens qui marchent sont bien distincts... Il est bon de placer, au creux d'un surplomb, sur une éminence périlleuse, un arbre fantasque. » (Trad. Patrick Carré)

Le *shanshui* – « montagne et eau » –, le paysage a vu le jour sous les Six dynasties, initiative taoïste de communion avec la nature. « Toute la peinture chinoise est recherche de l'appropriation de l'espace et de la lumière », écrit le peintre sino-français né en 1921, Zao Wou-ki. Le *shanshui* des Tang, sous le souffle bouddhique *shan*, est thème pictural majeur. Dérivé des techniques de la calligraphie, support de réminiscences cosmogoniques, il est un des sommets picturaux chinois. Le suggère une formule qui cerne l'art de Wang Wei, artiste universel dont l'œuvre peinte, hélas, est perdue : « Ses peintures étaient des poèmes et ses poèmes des *shanshui*. » La statuaire *tang*, surtout religieuse, aux lignes fluides semble née du pinceau. Ses reliefs paraissent des dessins incisés. La ronde-bosse usant du drapé donne une impression graphique, même si les formes arrondies, sensuelles trahissent l'influence de l'Inde.

Les techniques

L'artisanat est créatif. Des Tang, datent la « co-fusion » du fer et de la fonte qui donne un bel acier, les allumettes, les alcools distillés, les premières horloges mécaniques. Les céramiques s'enrichissent du *sancai*, vernissé « trois couleurs », et la porcelaine blanche de Jingdezhen (Jiangxi) est surnommée le « faux jade ». Des apports « barbares » sont évidents. Les grès vernissés brun et vert sont venus du

Tarim, l'orfèvrerie est profondément marquée d'art sassanide. Sur les routes sont apparus les chars à voile, sur les fleuves et canaux, les navires à aubes. Sur mer, les jonques vouées aux destinations lointaines ont des compartiments étanches. Poèmes et textes officiels sont désormais imprimés après avoir été gravés sur des planches de bois.

À force de manipuler salpêtre, soufre et charbon de bois, un alchimiste taoïste en quête d'un élixir d'immortalité fabrique de la poudre noire. Elle enrichit d'abord le feu grégeois récemment reçu du « Grand Occident ». Quand elle aura été améliorée, et d'explosive sera devenue détonante, elle sera « poudre à canon ».

L'architecture

Elle atteint les techniques et l'aspect qu'elle va conserver jusqu'au XXe siècle. Les bâtiments de bois des habitations citadines, des temples et palais, connaissent, sur soubassement de pierre, l'impeccable symétrie de leurs panneaux géométriques, leurs toits cornus aux larges consoles croisées. Les bâtiments en pierre existent également : ouvrages militaires aux formes massives, temples souvent d'inspiration indienne, comme la pagode de la Grande oie sauvage, à Xi'an, ou les premiers « *dagoba* », immenses stupas venus de Ceylan. Se généralise l'urbanisme géométrique, murs de tracé rectangulaire, voies principales se croisant à angle droit, portes aux quatre points cardinaux externes, les tours du tambour et de la cloche, au centre. Les ingénieurs chinois créent les premiers ponts à arc surbaissé qui exigent moins de matériaux et sont plus solides que les ponts de plein cintre. Le premier, bâti en 610 au Shanxi, est toujours en service.

L'impression xylographique
La technique d'impression née au début des Tang est la xylographie. Sont adaptées aux plaques de bois les techniques utilisées depuis plus de 1000 ans en sigillographie, pour l'impression de bronzes coulés et les frottis de stèles gravées. Les bouddhistes soucieux de diffuser leurs textes réalisent les premières planches gravées à seule fin d'être encrées et pressées sur soie ou papier. La planche est de fruitier. Pour les images, le robinier, pour le texte, le poirier sont sans égal. Le bois gravé est trempé dans l'eau pendant un mois. Si le temps manque, on l'ébouillante et on le fait sécher dans l'obscurité avant de

l'aplanir soigneusement. Les tirages excèdent rarement une dizaine d'exemplaires, puis les plaques sont nettoyées à l'huile végétale et conservées à l'abri de l'humidité. Le premier texte connu, un rouleau porte-bonheur bouddhiste, a été imprimé au début du VIIIe siècle. Le premier livre (un rouleau bouddhiste de 5,3 m, large de 27 cm), la *Sutra du diamant*, date de 868. Le texte précédé d'une figure de Bouddha porte cachet d'éditeur et envoi. Au Xe siècle, Feng Dao, ministre sous chacune des éphémères Cinq dynasties, fait imprimer les *Cinq Classiques*. Des ouvrages plus ordinaires sont diffusés dès avant la *Sutra du diamant*, des calendriers souvent. Ils connaissent un tel succès que les astronomes de la Cour protestent : on les trouve sur les marchés avant même que l'Almanach officiel ne soit publié ! Dès le Xe siècle, les tirages des publications s'accroissent de façon considérable. Certains atteignent des dizaines de milliers d'exemplaires. Le rouleau est alors abandonné pour le livre à cahiers.

Sous les Tang, la cuisine, enrichie des produits du commerce extérieur, intègre muscade, safran, aneth, aubergine, céleri-rave, épinards et autres produits végétaux. Cuisiner ou faire cuisiner devient art de cultiver saveur, fumet et bouquet, consistance et couleurs. Les cuisines régionales rivalisent dans l'ambition de parvenir à la table impériale, toute qualité s'élevant naturellement jusqu'à *Tianzi* – le « Fils du Ciel ». La cuisine chinoise va s'affiner jusqu'à l'ère Qianlong (1735-1796) – pendant mille ans. Il faut se rappeler cet adage : « Manger, c'est le Ciel des Chinois. »

Chapitre 7

Les Song (960-1279)

Des Tang aux Song

En 907, l'ère des « Cinq dynasties et des Dix royaumes » suit la chute des Tang. Liang postérieurs, Tang postérieurs, Jin postérieurs, Han postérieurs, Zhou postérieurs, se succèdent à Kaifeng, au sud du Huanghe ; ils sont considérés comme prenant la suite des Tang. Les « Dix royaumes » se partagent Sichuan, Jingnan (Hubei actuel), Hunan, Fujian, Guangdong, Zhejiang et Jiangxi, à l'Ouest, au Sud et à l'Est : les anciennes commanderies militaires de l'époque Tang y ont proclamé leur indépendance. Le Nord est sous la bannière des Qidan, Turco-Mongols bientôt constitués en « Empire Liao ». Le nom des Qidan nous parviendra avec le « Cathay » de Marco Polo. Les Song ne récupéreront pas le Nord. Les Liao vivront jusqu'à ce que les clans Jürchets que dominent les Wanyan leur déclarent la guerre en 1114 et les battent en 1115, leur chef Aguda se proclamant *Taizu*, « ancêtre fondateur » des Jin – la *dynastie d'Or*. Les Jin qui se sinisent vite ont leur capitale à Huining (Mongolie intérieure), puis à Yanjing (Pékin). Les Song pour avoir la paix, leur verseront tribut. Le lointain Nord-Ouest est occupé par les Tanguts qui fondent la dynastie des Xixia (ou Xia) en 1037, dans l'indifférence des Song.

■ Une transition artistique

En matière artistique, la transition du Xe siècle n'est pas à négliger. Paraissent alors la peinture de fleurs et d'oiseaux qui connaîtra un bel essor, et le paysage monochrome au lavis que les Song priseront tant. Les Cinq dynasties ont deux centres de céramique : à Kaifeng (Henan) et à Longzuan (Zhejiang) où sont produits des céladons de grès créés à l'époque des Tang. Les Song règnent de 960 à 1279, perdant en 1126 le nord de leur empire au bénéfice des Jin qui ont bousculé les Qidan. Plus que tout autre dynastie, ils brillent par le raffinement de leur civilisation plutôt que par leur puissance.

L'intrusion des Jin qui les contraint à transférer « provisoirement » leur capitale à Hangzhou veut que l'on évoque les Song du Nord, avant 1126, et les Song du Sud, après cette date. Ces « Song du Sud » occupent la partie de la Chine opposée au « Cathay » que nos voyageurs médiévaux nommeront « Mangui », de *nanguo*, « pays du sud », ou « Manzi », de *nansong*, Song du Sud.

Les Song du Nord

Poussé par ses lieutenants, le général Zhao Kuangyin s'empare de Kaifeng que tenait son maître, Gongdi des Zhou postérieurs, et se proclame *Taizu* des Song (960-976). Il contrôle bientôt la plupart des « Dix royaumes ». Il limite la puissance de l'armée qu'il dirige lui-même, et dans les provinces la subordonne au pouvoir civil. Il redonne à l'Empire une puissance certaine et replace, en 973, le Tonkin sous protectorat chinois. Son frère Taizong (976-997) entreprend de disputer le Nord aux Liao, mais échoue et leur achète la paix au prix d'un lourd tribut annuel. Les examens deviennent la principale source de recrutement des fonctionnaires ; l'usage de nommer des mandarins qui n'auraient pas concouru est très réduit. Fils de Taizong, Zhensong (998-1022), lui aussi, s'en prend aux Liao. Battu, il voit le tribut s'alourdir. À l'intérieur, il se soucie d'administration, d'économie, relance la manufacture de porcelaine de Jingdezhen.

▪ Le lourd tribut du pacifisme

Le long règne de Renzong (1023-1063) marque, à la fois, un apogée et le début du déclin. Le pacifisme en est cause majeure. Il ruine la puissance militaire des Song, au bénéfice des Liao et des Xixia. Non contents de leur payer tribut, les Song cherchent à corrompre leurs fonctionnaires, espérant y gagner la paix. Le procédé aléatoire est ruineux. Pour pallier l'hémorragie de métal précieux, l'État *song* crée du papier-monnaie et, afin d'en tirer profit, se fait producteur et marchand. Il crée des ateliers, des entreprises commerciales, modernise les impôts qu'il augmente d'ailleurs régulièrement. Le peuple gronde et finit par se révolter ; le gouvernement est tenu en échec.

■ Entre lettrés révolutionnaires et conservateurs

> « *Selon le Rituel des Zhou, l'État doit assumer la gestion du commerce, de l'industrie, de l'agriculture.* » *(Wang Anshi)*

Quand Renzong meurt, l'Empire *song* est malade. Sous Yingzong (1064-1067) et Shenzong (1068-1085), l'opposition est irréductible entre Sima Guang (né en 1019), « conservateur », et Wang Anshi (né en 1021), « révolutionnaire », deux authentiques lettrés soucieux de réformer le système politique. Dès 1040, Fan Zhongyan (989-1052), « le Maître universel », suggère les réformes structurelles que conduira Wang. Elles répondent à la volonté de rationaliser la tradition confucéenne à des fins civiques. Wang, comme Fan, est convaincu d'y trouver le secret de la prospérité des États et une base solide de morale sociale. S'ensuivront l'élaboration d'un nouveau système fiscal, une centralisation accentuée des ressources, un appareil administratif central autoritaire ignorant tout impératif local. Vraie innovation, la fiscalité indirecte qui frappe la consommation est vite impopulaire et réprouvée comme telle par Sima, fût-elle, un temps, assez efficace. Entre 1056 et 1086, année où meurent les deux adversaires, ils alternent au pouvoir, l'un défaisant ce qu'a fait l'autre.

Wang Anshi

Face aux riches qui se soustraient à l'impôt, aux charges qui accablent les paysans, à la chute des revenus de l'État dans une économie marchande florissante, le lettré Wang Anshi qu'aveugle son grand savoir agit en théoricien. Comme Wang Mang mille ans plus tôt, il voit dans l'organisation sociale selon ce pseudo *Classique* qu'est le *Rituel des Zhou*, un modèle canonique qui légitime ses initiatives. Il multiplie directives autoritaires et contrôles. Pour libérer les paysans des usuriers et développer l'agriculture, il inaugure les prêts agricoles ; pour enrayer l'inflation, il arrête les prix à la consommation et les taxes, institue le contrôle des salaires ; contre la misère des particuliers nuisible à la prospérité générale, il crée des pensions pour vieux et chômeurs. Il se veut réaliste et réforme les examens, exigeant des fonctionnaires compétences pratiques : histoire et politique, plus que science des *Classiques*. Il décide d'ailleurs que seuls sont autorisés ses propres commentaires du *Livre des Odes*, du *Livre des chroniques* et du *Rituel des Zhou* intitulés *Sens nouveau des Trois Classiques*. Gabegie, disette, se développent, les pauvres sont toujours plus pauvres, les riches plus riches ; de nouvelles directives s'ajoutent aux contrôles ! Pour ses adversaires, Wang viole la morale des « Trois Augustes » et empêche les Song de connaître paix et prospérité des anciens âges. Avec l'autoritarisme des légistes, Wang met en œuvre les concepts modernes d'État-Providence et d'économie planifiée. Sous lui, « la terre a tremblé ». Sa tyrannie sacrilège, plus que son échec, le fait regarder comme un « grand malfaisant ». Mais elle n'interdit pas de voir en lui un maître de poésie et l'un des Huit Grands Prosateurs des Tang et des Song.

Quand Zhezong (1086-1100) accède au trône, il a dix ans, l'impératrice douairière Gao rappelle Sima qui met fin à l'expérience de Wang et meurt. Gao poursuit la politique de Sima jusqu'à sa mort, en 1093. Zhezong reprend alors les réformes de Wang... Cette inconséquence a des effets d'autant plus cruels que Zhezong est incapable de mettre fin à l'affrontement entre les tendances. Sa faiblesse suffit à expliquer le prochain repli des Song vers le Sud sous la poussée des conquérants Jin. Les deux derniers Song du Nord sont Huizong (1100-1125) et Qinzong (1126). Huizong s'intéresse plus à la peinture et au taoïsme qu'à l'Empire qui pâtit notamment d'une grave rébellion au Zhejiang, grand producteur de denrées agricoles et lieu de passage obligé du trafic commercial entre les ports maritimes et le Jiangnan, pays du « sud du Fleuve (Jaune) ». Quand les Jürchets qui se sont proclamés Jin attaquent les Liao, en 1115, les Song s'allient à eux et frappent les Liao par le sud. Quand les Jin passent le fleuve Jaune, les troupes de Huizong ne peuvent les arrêter. Huizong abdique en faveur de son fils qui prend le nom de Qinzong. Les Jin refusent de négocier, prennent Kaifeng, se saisissent des deux empereurs et les déportent en Mandchourie. Le père y mourra en 1135, le fils en 1161. La Cour se réfugie à Hangzhou.

> **Ruée des Jin au sud du Huanghe**
>
> « De toutes parts montent les fumées dans la campagne, le sable jaune obscurcit le soleil. Cochons et serpents s'entre-dévorent. C'est le combat du tigre et du dragon. Étendards rouges et oriflammes noires apparaissent dans les faubourgs. Les hommes sanglotent, les femmes pleurent. L'armée barbare approche, telle fourmilière ou essaim. Glaives courts, lances longues forment une épaisse forêt de bambous. Partout des cadavres : épées brisées, membres épars. Les maisons vides sont barricadées : chacun s'enfuit, qui sa fille dans les bras, qui son fils à la main. Les rats abandonnent la ville. » (*Jing Ping Mei*, trad. André Lévy)

Le commerce extérieur

Sous les Song que tente le repli du pays sur lui-même, le commerce maritime demeure très ouvert et va l'emporter par son volume sur le commerce étranger terrestre. Le commerce chinois, en Indonésie, existait sous les Tang ; il se développe sous les Song du Nord, connaît un nouvel essor au long du XIIIe siècle. Java est dans le système économique que domine l'argent chinois. Les textes javanais ne parlent plus du « poids en or » des marchandises, mais les évaluent en sapèques, monnaies de cuivre chinoises. Le gouvernement des Song y a son rôle, qui envoie des missions vers les pays du Sud-Est pour encourager leurs marchands à venir en Chine.

■ La voie des mers

On voit des jonques chinoises rivaliser dans toutes les mers du Sud avec les navires arabes et indiens. On trouvera des tessons de porcelaine *song* en Afrique orientale. Les jonques sont plus grandes que les navires indiens ou arabes, présentent des avancées techniques considérables : cales étanches, instruments de sondage, de navigation dont des compas fixés sur pivot. Certaines sont mues à la rame et à la voile, comptent des équipages de plusieurs centaines d'hommes. La masse des navires permet d'embarquer des soldats qui les défendent des pirates, d'embarquer aussi des produits à offrir aux autorités des ports visités. Le plus apprécié est la porcelaine que Jingdezhen produit en quantités toujours plus grandes.

L'État marchand

Les principaux revenus de l'État ne viennent plus de la terre, mais du commerce et de l'industrie. Céramique, soie, fer, sel, thé, alcool, papier, livres imprimés font l'objet d'un trafic auquel l'État est directement intéressé. Taxes et revenus des monopoles, au XIe siècle, égalent le revenu agraire, et, aux XIIe et XIIIe siècles, le dépassent. Les monopoles s'exercent sur l'argent, le sel, le thé, les alcools, les parfums. Taxes commerciales intérieures et droits de douane sont perçus aux frontières et dans les ports fluviaux. Corvées traditionnelles, capitation, impôts fonciers sont souvent payables en monnaie. En 1077, l'État a perçu 60 000 onces d'argent (ses mines en produisent 215 000 ; 1 once = 37 g) et 5,5 millions de ligatures de monnaies de cuivre (1 ligature vaut 1 once d'argent). Il a perçu encore 18 millions de *shi* (1 *shi* = 60 kg) de céréales et 2,6 millions de rouleaux de soie. Les douanes maritimes ne rapportaient pas un demi-million de ligatures à la fin du Xe siècle, elles en rapportent 65 à la fin du XIIe. L'État perçoit beaucoup, mais pour acheter paix, intérieure et extérieure, dépense plus encore, et les rivalités entre conservateurs et réformistes ne concourent pas à freiner les dépenses. Charges fiscales, déficit budgétaire, malversations contribuent à l'évolution de la dynastie du Nord vers son repli au sud de la Huai.

Les Song du Sud

Refoulés sur le Yangzijiang, les Song renoncent à recouvrer leurs possessions septentrionales, sauf velléités, comme, en 1140, celle de Yuefei, qui valut à ce général, devenu par la suite un héros national, d'être jeté en prison et exécuté. La vitalité économique des régions méridionales – agriculture et commerce – leur permet de constituer un État cohérent, florissant. Cour, aristocratie de lettrés, riches négociants, vont se laisser aller à la douceur de vivre dans un cadre toujours plus raffiné. Les ministres conservateurs se succèdent sous des souverains placides : Gaozong (1127-1162), Xiaozong (1163-1189), Guangzong (1189-1194), Ningzong (1195-1224), Lizong (1224-1264), Duzong (1265-1274). La centralisation, plus viable dans l'Empire réduit qu'au temps de Wang Anshi, leur donne un pouvoir absolu et constant. Leur souci de paix avec les Jin se traduit par une vassalité de fait très coûteuse, dans laquelle ils se placent en 1165.

Paix durable ? Les Jin rompent les accords à diverses reprises. Les Song doivent se battre, mais manquent de combativité et n'ont pas de cavalerie.

■ Le danger mongol

En 1211, puis en 1234, les Mongols passent la Muraille, ravagent le Nord et finissent par renverser les Jin. L'empereur Song, allié du conquérant, s'en réjouit un peu vite. Ce n'est pas sans anxiété, d'abord, qu'il voit bientôt son allié mongol s'emparer du Sichuan, du Yunnan, enrôler dans ses armées les habitants du Nord. Son État, ensuite, est bien mal en point. Les villes, plus peuplées qu'aux époques précédentes et souvent tracées au cordeau, conservent des airs de prospérité avec leurs palais et leurs vastes résidences bourgeoises ceintes de parcs, leurs avenues larges parfois de plusieurs dizaines de mètres, leurs métiers regroupés en guildes et répartis par quartiers, leur multitude de restaurants servant des plats toujours plus raffinés venus de toutes les provinces et leurs œuvres sociales développées par la charité bouddhique.

■ Des tensions sociales

Mais la situation sociale est explosive dans les régions agricoles. Les réfugiés du Nord ne cessent d'y arriver, à cause des barbares, à cause aussi d'un net refroidissement climatique. Les rentrées d'impôts sont difficiles, les réformes sociales bloquées sous la pression des grands propriétaires. Si les jacqueries se lèvent, que faire ? Un ministre, Jia Sidao (1213-1275), réagit, limite à 500 *mu* (1 *mu* = 600 m^2) l'étendue des propriétés agricoles, rachète aux frais de l'État les surfaces excédentaires dans le dessein de créer des « terres publiques » dont le revenu soit consacré au budget de l'armée. Jia songeait à combattre les Mongols, quand il meurt. Les règnes de Gongdi (1275-1276), Duanzong (1277-1278) et Dibing (1279) connaissent de vives tensions sociales, en sorte que, lésée par les mesures prises par Jia et inquiète de la colère populaire, l'aristocratie accueille avec soulagement les Mongols qui entrent à Hangzhou en 1279. Toute la Chine est aux mains d'un « barbare », le Mongol sinisé Qubilai qui sera Shizong des Yuan.

Gengis Khan

Les clans mongols sont divisés. Temüjin, fils d'un de leurs chefs, Yesügei, naît vers 1160. Yesügei est assassiné quand son fils a dix ans. Temüjin et les siens connaissent misère, isolement. Farouche guerrier et politique habile, Temüjin va réunir lentement les clans. Grâce à ses redoutables archers montés, à de solides amitiés parmi ses pairs, il défait tous ses ennemis. En 1206, le *quriltai*, conseil des chefs, le reconnaît *Chinggis Qaghan*, Souverain océanique, comprenez : universel – « Gengis Khan ». En 20 ans, il va rassembler un immense empire. Dans ses armées divisées en groupes de 10, 100, 1 000 et 10 000 hommes, chacun ayant avec soi famille et chevaux, la discipline est rude, la tactique souple. Le *Qaghan* s'en prend d'abord aux Xixia. L'entreprise est difficile, mais victorieuse, en 1209. Suit sa campagne contre le Jin, en 1211. Le Mongol échoue devant les villes. Des ingénieurs chinois lui procurent des machines de siège, il en prend quelques-unes, puis franchit la Muraille et investit la vallée du fleuve Jaune. En 1215, il prend Yanjing, capitale des Jin qui se replient sur Kaifeng. Il abandonne bientôt la Chine du Nord, dévastée, et tourne ses armes vers l'ouest. Ses agents provoquent un soulèvement qui permet à ses troupes d'atteindre le lac Balkhach, puis le Khwarezm, État musulman qui touche à la Caspienne à l'ouest, au golfe Persique au sud. En 1220, le Khwarezm est vaincu. Durant les années qui lui restent à vivre, s'il prépare sa succession, Gengis Khan médite de s'en prendre à nouveau aux Xixia et aux Jin. En 1226, avec 180 000 cavaliers, il attaque, connaît succès sur succès ; en novembre 1226, les Xixia sont en déroute ; il passe le fleuve Jaune et attaque Ningxia, leur capitale, avant d'abandonner le siège pour rentrer en Mongolie. Il meurt en route, le 18 août 1227. Ses fils et petits-fils poursuivront son œuvre, soumettant, Chine, Iran, Russie, Europe centrale, Asie mineure, Mésopotamie...

Une période féconde

La Chine des Song est la société la plus avancée du monde. Tout y est en progrès : papier-monnaie, imprimerie et diffusion de la littérature, armes de guerre, médecine, etc. La pensée chinoise évolue, règne un cosmopolitisme tolérant. Pourtant la Chine commence à se replier sur elle-même, à devenir le principal objet de ses réflexions. Peu à peu *fan* – tout ce qui n'est pas chinois – va susciter l'hostilité, en réaction à la situation politique. La Chine des Song, celle des Song du Sud surtout, est un pays diminué, sur la défensive et bientôt absorbé par l'Empire mongol qui l'englobe, en restât-elle une part incomparable. Par ailleurs, elle devient, pour sa composante la plus dynamique, essentiellement citadine. Le pouvoir n'y est plus à la pointe de l'épée, mais au bout du pinceau ; on ne s'y bat plus volontiers, on y pense beaucoup.

La pensée sous les Song

Sous les Song, le confucéisme officiel redevient doctrine d'État. Tolérante, elle se connaît une tendance matérialiste taoïste et une spiritualité qu'inspire le *chan*. Les confucéens fondent le renouveau de leur doctrine sur une interprétation critique des textes canoniques. Wu Yangxiu (1007-1072) les expurge de la gnose venue sous les Han. Bouddhisme et taoïsme n'en dépérissent pas pour autant. Le taoïsme atteint au théisme avec, pour divinité suprême, *Yuhuang*, l'« Auguste de jade » ou « Pur Auguste » – un dieu transcendant, personnel. L'empereur Huizong, artiste et penseur plus que politique, affirme en 1113 que *Yuhuang* lui est apparu et lui inspire d'opérer un syncrétisme des « Trois religions » dans lequel le « Pur Auguste » taoïste est identifié à *Shangdi*, « Souverain d'en haut » des confucéens, tandis que bouddhas et bodhisattvas sont invités à s'insérer dans ce panthéon syncrétique.

■ Zhu Xi

Penseur et historien, Zhu Xi (1130-1200) est le plus connu des hommes qui font, eux aussi, des XIe, XIIe et XIIIe siècles chinois un âge d'or de l'intelligence, de l'esthétique, de l'art de vivre. Influencé par Wu Yangxiu, par Zheng Yi (1033-1107) et son frère Zheng Hao (1032-1085), soucieux, dit-il, « de revenir au *dao* de Maître Kong », il regroupe *Classiques* et livres confucéens en un seul ouvrage, *Si shu wu jing, Les Quatre Livres et Cinq Classiques* ; il les nourrit d'un commentaire qui fait encore autorité. Il fonde l'enseignement traditionnel et y intègre les valeurs qu'il juge essentielles au fonctionnement de la société chinoise. Son *Xiao Xue*, « Petite Étude », vade-mecum du néo-confucéen, se réclame de Yao et Shun autant que de « Maître Kong ». En pratique, le *dao* qu'il prône leur est fidèle. Là où il s'égare, c'est avec le « Ciel, substance visible et action invisible » auquel il substitue le principe abstrait *li* « qui régit toute chose ». En outre, ce *li* voisine avec le *li* bouddhiste :

« Absolu, Réalité Ultime » ; le même caractère traduit l'un et l'autre. Ces innovations ne passent pas sans mal. Plus d'un lettré voit en ce *dao* redéfini par Zhu Xi un *zuodao*, un « chemin gauche », hétérodoxe.

Hérétique, Zhu Xi !

Comment se fait-il que les gloses et commentaires de Zhu Xi vont s'imposer pour des siècles en tout ce qui touche au comportement et au jugement ? Du *li*, Zhu Xi déduit, méthodiquement mais arbitrairement, toute la morale traditionnelle. Sa loi morale est une « loi naturelle » qui peut faire l'économie de la volonté du Ciel à laquelle Confucius se soumet, et enseigne à l'homme à se soumettre comme à l'ordre du monde.

Sima Guang

Comme Wang Anshi le « réformateur », le « conservateur » Sima Guang se veut confucéen. Il publie *Zizhi tongjian*, le « Miroir pour aider à gouverner », vaste encyclopédie dressant un tableau magistral de la civilisation chinoise depuis les Royaumes combattants jusqu'à l'avènement des Song. Dans une optique didactique confucéenne, Sima y fait le procès des erreurs commises par les souverains chinois. Soucieux de rigueur scientifique, il identifie toutes ses sources subtilement diversifiées. Outre les documents officiels, il recourt aux ouvrages littéraires et aux inscriptions. L'œuvre unanimement saluée de son temps sera longtemps imitée. Si la perception de l'histoire par Sima Guang a tant pesé sur la pensée chinoise, c'est que sa démarche, toute d'expérience et d'étude, est parfaitement confucéenne.

Les essayistes

Tout est sujet à écriture, en cette période : passé et présent, service de l'État, bien-être individuel ou méditation face à la nature. Les prosateurs *song* recourent volontiers au *guwen*, l'« écriture ancienne reconstituée », sans souffrir de formalisme. Wang Anshi est de leur nombre. Une place de choix revient aux Su, père et fils, Su Xiun et Su Zhi *alias* Su Dongpo. Su Xiun a porté le genre à la perfection dans de pittoresques essais. Dans cette discipline, il faut une fois encore nommer Wu Yangxiu. Moraliste, historien, archéologue et poète, ce confucéen orthodoxe est l'auteur d'essais paysagistes qui témoignent de sa communion avec les « Dix mille êtres ». Ces esprits curieux font des mathématiques, de l'astronomie. C'est alors qu'est mis au point ce qui sera en Europe la « projection de Mercator » si utile à la cartographie, qu'est inventé « le système servant à découvrir les coefficients binomiaux », dit chez nous « triangle de Pascal ».

La poésie

Beau prosateur, calligraphe, peintre, Su Dongpo (1036-1101) est le grand poète des Song. Quelle qu'en soit la nature, le lettré *song* apporte à ses œuvres fraîcheur, spontanéité, une créativité que les classiques s'interdisaient souvent. Poètes le furent des hommes déjà rencontrés, Wu Yangxiu, auteur du *Recueil du plaisir du luth*, amoureux à ses heures, Wang Anshi que peut faire rêver une lune de printemps, Chang Xian, haut fonctionnaire, Huang Tingjian, également prosateur, Zhou Bangyan, poète et musicien, Li Qingchao, plus grande poétesse de Chine, sa consœur Zhu Xuzhen dont la famille détruisit l'œuvre à sa mort. Il y a Yuan Haowen. Le monde distingué se livre à la poésie, les concours sont nombreux.

■ *Lushi, ce, biji...*

Si l'audace existe chez les maîtres, le plus clair de la production abondante est rarement original, pille les Anciens pour « tourner » des vers à la mode, laquelle n'est plus le *lushi*, mais le *ce* (prononcer *tsé*) qui offre plus de liberté prosodique. Surtout, le *ce* est subjectif : nature, amour, fuite du temps, pas de réalisme ou rarement. Autre nouveauté, le *biji*, « coup de pinceau » utilisé par les plus grands auteurs pour parler librement tant de leur maison de campagne que de l'art de la table, du chant d'un oiseau que de leurs méditations sur le *dao*.

Peinture et sculpture

Ces arts ne cessent d'évoluer vers une maîtrise admirable.

La peinture des Song du Nord

Les Song voient porter le *shanshui* à la perfection. Paysage monochrome ou au lavis d'encre, il révèle la perspective chinoise : ligne d'horizon très haut, droites parallèles le demeurant, plans étagés. Monochromie et dégradé enlèvent leur valeur aux objets distants qui deviennent indistincts à mesure que leur plan est plus loin de l'observateur. Le lavis nuance brumes et vapeurs qui, interposées entre premiers plans et lointain, créent perspective et mystère. Le mystère est initialement lié à l'idéalisme à quoi mène le *chan na*. Les peintres « méditent la nature », en « dégagent l'âme », l'offrent après l'avoir purifiée pour en retenir la seule « essence ». Dès les premiers Song paraissent, à Kaifeng, Xiu Daoning, Tong Yuan, Fan Guan qui disait se mettre à l'école des monts et des forêts, Guoxi qui enseignait à ses élèves comment donner vie aux eaux, aux arbres, aux nuages et répétait que « l'eau est chose vivante », la montagne, « tel l'être humain ». Cette communion explique la peinture *song*. L'espace y est vivant, et la vie spiritualité. Mi Fei (1051-1107) esquisse d'énormes rochers moussus dressés en pains de sucre ; le *Pavillon sous les saules* sur éventail de Zhou Tanian (1080-1100) tient de la miniature ; Li Longmian (1040-1106), ami de Wang Anshi, donne dans l'élégance minutieuse ; l'empereur Huizong peint des oiseaux sublimes.

L'art des Song du Sud et le bouddhisme *shan*

L'Empire réduit au Sud accueille des peintres sur qui souffle aussi l'esprit *chan*. C'est à Hangzhou qu'œuvrent Zhao Bojiu et Jiang Zan qui cultivent indéfiniment le *shanshui*. Ma Gui (1150-1224) aussi, célèbre pour une barque sur un lac à la tombée du soir, Ma Yuan, son frère, et Ma Lin, son fils, artistes notoires, l'un, pour ses villas en hiver sous les pins, ses effets de brume, ses arbres solitaires tordus par le vent ; le second, pour son *Paysage du soir*. Il y a Liu Songnian (1170-1230), Xia Gui (1180-1234), Liang Kai (1202-1264). Le genre prospérera sous les Yuan avec Ni Zan (1301-1374).

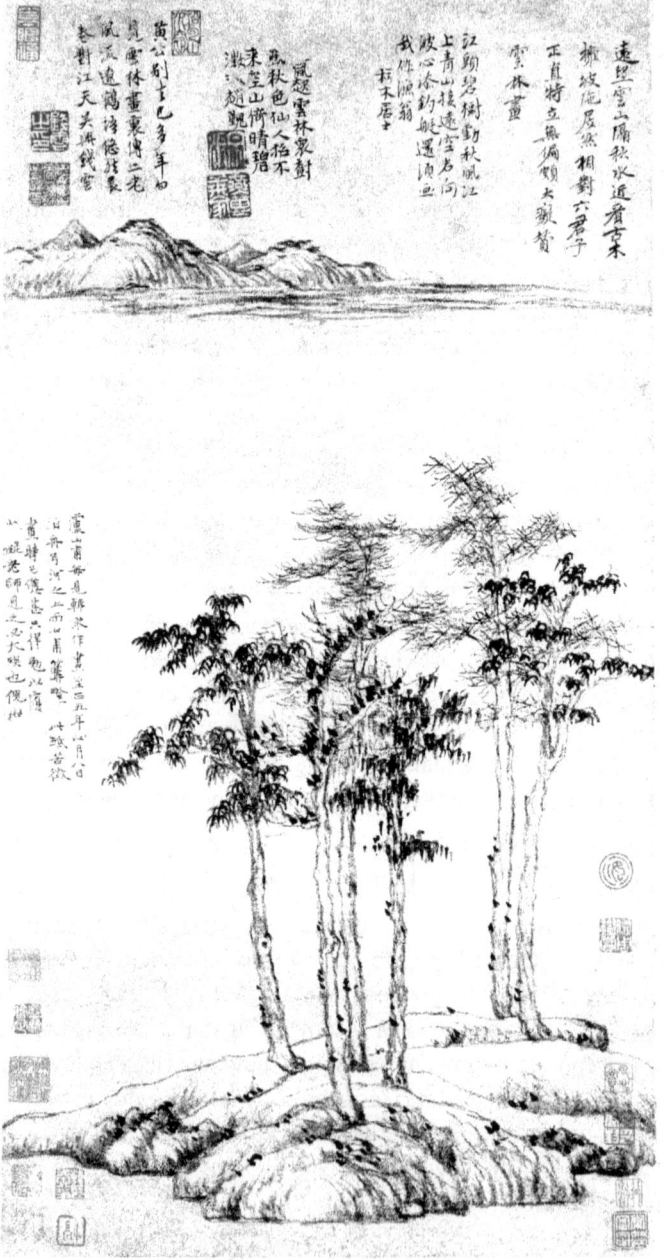

Ni Zan (1301-1374), *Shanshui*, Musée de Shanghai

L'art du portrait
Liang Kai, c'est « le peintre fou » pour les confucéens que scandalisent ses portraits à l'encre, autre aspect de la peinture monochrome *chan*. Ainsi celui, imaginaire, de Li Bai, à l'insolent humour. Le portrait *tang* cherchait à transmettre l'« esprit » du modèle, à révéler son individualité, il sacrifiait les détails. Le portrait *song* – ou *chan*–, pour rendre mieux la personnalité, en offre mille détails. Apparaissent deux traitements du portrait : sujet entier, souvent assis, et buste créé par les moines *chan*. Huinang aussi portraiture les poètes, son *Su Dongpo* est plein de malice.

Avec l'esprit du taoïsme, le *chan* a assimilé de vieux mythes préconfucéens. Mou Ji qui vers 1250 encourt la disgrâce impériale et s'enfuit au Sichuan a peint le plus prodigieux dragon que l'imagination chinoise ait enfanté. L'influence *chan* se fait encore sentir dans la peinture de fleurs ornementales : sous leur beauté superficielle, pivoines et lotus « livrent leur âme ». Le bambou au cœur vide est image de la vertu dégagée du désir : le peindre est une ascèse.

■ Le Nord « barbare »

Les Qidan vite sinisés développent un art que révèlent les peintures funéraires du XIe siècle découvertes en Mandchourie. Celles de la tombe du roi *liao* Xingzong (1031-1055) offrent harde de cerfs et collines boisées, rivières, cygnes et canards sauvages. Les Xixia, au Gansu, ont laissé des fresques dans le sanctuaire millénaire de Mogao, près de Dunhuang. Les Jin, les premiers, ont fait de leur « Cité interdite » à Pékin une des merveilles de l'Asie. S'il n'en est rien resté après le passage de Gengis Khan, toutes les dynasties, après eux, ont poursuivi leur œuvre. Il faut faire remonter aux Jin les peintures murales bouddhiques ou taoïques du Shanxi méridional, continuées à l'époque des Yuan. Qidan et Jin, à mesure qu'ils se sinisent, s'emploient à restaurer les sanctuaires bouddhiques détruits par les invasions. Cette renaissance dans ses marbres et ses bois polychromes connaît des mutations iconographiques radicales. Ainsi, les Jin ont créé l'image de Guanyin, *le* bodhisattva devenu *la* déesse de la Miséricorde du peuple *han*.

Céramique et confort

Sous les Song, progrès techniques, choix des pâtes et couvertes permettent la création de céramiques aux teintes douces, aux couvertes onctueuses, et de porcelaines translucides. Elles se distinguent par la simplicité de leurs courbes. Le *rou* remarquable par sa couverte bleu lavande ou gris bleuâtre est fabriqué à Kaifeng, jusqu'à 1126, puis à Hangzhou. De même le *guan* (produit sous l'administration directe de la cour impériale), souvent très mince, à couverte craquelée et de teintes où dominent les gris. Les *ting* sont fabriqués à Tingyao (Hebei) : les plus parfaits, corps blanc et grain fin, sont translucides. En 1127, les potiers de *ting* se replient au Jiangxi. Le *tingzing* ou « bleu nuageux » est fabriqué à Jingdezhen et à Tuohua (Fujian). Les céladons (*zingzi*) apparus sous les Cinq dynasties s'affinent. Les plus beaux proviennent de Longzuan (Zhejiang). De tons verts, ils ont une couverte épaisse et lisse. Leur exportation vers le Japon, l'Indochine, le golfe Persique, etc., est considérable. Il existe aussi des ateliers de céladons dans le nord de la Chine. Leur émail plus sombre tire sur le vert olive. Le *jun*, des ateliers de Junzhou (Henan), a des tons bleus, des éclaboussures rouges ou pourpres, d'où son surnom, « clair de lune ». Le *jian*, de Jianning (Fujian), à épaisse couverte brune, a des reflets dorés ou argentés dits *poil de lièvre* ou *plumes de perdrix*. Le *cizhou* tire son nom de la ville du Hebei, il a un décor varié : fleurs ou rinceaux peints en noir ou brun sous couverte transparente.

■ L'âge du plus grand raffinement

La perfection qu'atteint la céramique des Song exprime « le raffinement de la civilisation, la pureté de goût, la sensibilité d'une race pour qui la sobriété est le luxe suprême » (*Revue de Paris*, 1er septembre 1950). Les inventions des siècles précédents sont perfectionnées. Si la poudre qui « détonne » de mieux en mieux permet l'élaboration d'arquebuses et de canons dont les armées Song ne tirent guère avantage, l'imprimerie dispose désormais de caractères mobiles. En argile, ils permettent d'accélérer la composition des pages à imprimer, les livres se multiplient. Les médecins s'intéressent à l'immunologie et découvrent comment se prémunir contre la variole. Le long des canaux, les bateaux circulent plus aisément grâce aux écluses à sas. Le confort de la vie des citadins (les meubles s'affinent, les jardins deviennent de « petits » mondes enchantés), un niveau intellectuel généralement élevé, leurs goûts artistiques, font de la période des Song l'âge le plus raffiné de l'histoire chinoise.

Chapitre 8

Les Yuan (1279-1368)

En 1260, Qubilai succède à Möngke comme khan des Mongols. Möngke et lui sont nés de Tului, troisième fils de Gengis Khan. Ils sont maîtres de la Chine du Nord, prise aux Jin (1227) et aux Xixia (1234). En 1264, Qubilai abandonne Karakorum en Mongolie et s'établit à Yanjing, future Pékin – *Qaghanbaligh*, « ville du roi » en mongol. Converti au bouddhisme, il fonde en 1271 la dynastie Yuan. En 1279, il renverse les Song et étend son pouvoir à toute la Chine.

Regard sur la Chine des Yuan

La Chine de Qubilai et des temps (1294-1332) où règnent les piètres Chenzong, Wuzong et Renzong, Yingzong, Taiding, Mingzong et Ningzong est plus ouverte encore que celle des *Tang* et reçoit de nombreux visiteurs. Elle est prospère comme aux meilleures époques.

Un système à quatre classes

Le mépris dont les Mongols les affligent heurte les Chinois, notamment le système à quatre classes : les Chinois du Nord y sont de troisième classe, ceux du Sud de quatrième. Souvent les Yuan établissent sur les communautés paysannes l'autorité d'un riche Chinois rallié. L'administration *yuan* et ses séides accaparent la ferme des impôts, tous les postes, les terres, les métaux précieux réquisitionnés contre de la monnaie papier vite dévaluée. Dans la hiérarchie de l'Empire, les chrétiens viennent après les Mongols dont ils partagent l'administration, avant la masse des Chinois. Ils sont venus avec les escadrons du conquérant.

> **La Cour des Yuan vers 1320
> par Odoric de Pordenone, franciscain**
>
> « Lors des fêtes, le Grand Khan invite tous ses barons, tous ses comédiens et tous ceux qui sont de sa parenté. Il est assis sur son trône, ses barons devant lui : tous portent couronne et sont revêtus de couleurs diverses. Les uns portent une robe verte, ce sont les plus nobles ; ceux qui viennent en second une robe rouge ; ceux du troisième ordre sont en jaune. Tous ont à la main une tablette d'ivoire et portent une ceinture dorée large d'un demi-pied. Ils se tiennent debout, silencieux. Comédiens et musiciens se tiennent à l'entour. Dans un coin du palais sont rassemblés les magiciens et les philosophes de l'empereur ; ils observent des signes pendant plusieurs heures. Quand les signes ont montré que le temps en est venu, l'un d'eux crie d'une voix forte : "Inclinez-vous devant votre empereur", et tous les barons s'aplatissent sur le sol. Mêmement, il crie : "Relevez-vous !" et tous se relèvent. Vient ensuite l'heure des musiciens qu'un philosophe enjoint de distraire leur maître. S'élèvent alors des sons puissants et harmonieux. Quand un autre les invite à arrêter, ils font silence. Des jongleurs leur succèdent... Ces choses et bien d'autres que j'omets de rapporter, on ne voudra pas les croire sans les avoir vues de ses yeux. Mais moi, frère Odoric, qui ai passé trois ans à la cour du Grand Khan, j'ai assisté à ces banquets. »

Si, hors les grands centres, l'anarchie gagne le pays dès la mort de Qubilai, routes terrestres et voies de navigation se développent (telle la section septentrionale du Grand Canal) et restent sûres. L'insurrection verra le jour après 1350. « On peut voyager seul pendant des mois, porteur de richesses considérables, sans crainte d'être dépouillé », observe, quelques années auparavant, le Marocain Ibn Battuta, qui dit encore de l'Empire : « Y abondent les ressources, les fruits, les céréales, l'or, l'argent et aucune autre contrée ne l'égale sous ce rapport. » Peu de Chinois en profitent.

■ Chrétiens, musulmans, sous les Yuan

Les chrétiens dans la Chine des Yuan sont des nestoriens d'Asie centrale et de rares catholiques – missionnaires franciscains. Les Chinois reprocheront à Qubilai « de s'être abandonné aux pratiques des prêtres occidentaux et de les avoir élevés aux honneurs ». Ces « prêtres occidentaux » ne sont pas seulement chrétiens. « Dans toutes les villes chinoises, les musulmans ont leur cadi qui rend la justice entre eux », note encore le Marocain. Les premiers contacts entre la Chine et l'Islam remontent à l'époque où les Arabes conquièrent les oasis de Transoxiane, au VIIIe siècle, puis il y a le commerce. Les musulmans ne disparaîtront pas à la chute des Yuan ; les Ming sauront employer les Chinois islamisés, ou *hui*, et Yongle enverra un des leurs, l'amiral Zheng He, représenter la Chine auprès des nations musulmanes des « mers du Sud ».

Splendeur des villes murées chinoises

Les cités chinoises, villes murées, font l'admiration des étrangers. Marco Polo écrit de Yangzhou dont il aurait été gouverneur : « Elle est très belle et plaisante ville, assise en bon pays et doux territoire. » Leur taille les stupéfie. « Khânbâliq, dit Ibn Battuta, est une des plus grandes villes du monde. » Pas la plus grande. Le même : « Al-Khansa est la plus grande cité que j'aie vue sur terre : il faudrait trois jours de marche pour la traverser en longueur. » Al-Khansa, c'est Hangzhou ; Marco Polo dit Quinsay, et écrit : « Il y a une infinité d'artisans et de marchands, si bien que je n'oserais en avancer le nombre exact. Les citoyens vivent en grandes délices et volupté, leurs femmes se trouvent être plus belles et mieux vêtues qu'en nul autre pays. Il y a de somptueuses maisons et les rues sont pavées. [...] Nombre de maisons là-bas ne sont construites que de bois, si bien que lorsque le feu y prend, elles sont bien vite consumées. Quinsay n'est distante que de quelques lieues de la mer Océane, où s'ouvre, à l'embouchure de la rivière, le port de Ganfou. Y arrivent quantités de marchandises. » Les villes murées se répartissent alors, comme jusqu'en 1912, en *fu*, *zhou*, *xian*, que nous transcrivons préfecture, sous-préfecture, district. L'urbanisation caractéristique de la civilisation chinoise fait de réels progrès de siècle en siècle : vingt-six préfectures de plus de cent mille feux au VIIIe siècle, cinquante-deux au début du XIIe, la centaine est passée sous les Song ; elles seront cent cinquante-neuf au XVIe siècle. La Chine des Yuan rappelle ici celle des Song, annonce là celle des Ming, voire des Qing – une charnière de l'histoire chinoise. C'en est fait de la « Chine classique ».

> **Comment l'Europe voit la Chine du Sud en 1356**
>
> « Manzi est le pays le plus riche qui soit au monde. Le peuple y est en grand nombre et nul n'y demande l'aumône, car, dans ce pays, il n'y a point de pauvres. Les gens y sont assez beaux, mais tout pâles. Les hommes portent une barbe clairsemée. Ces rares poils d'ailleurs sont longs comme la moustache des chats. Les femmes y sont belles, plus qu'en nul autre pays. La première cité de ce pays s'appelle Latorin [Canton] ; elle est beaucoup plus vaste que la ville de Paris. Elle est à une journée de la mer. Une eau puissante y porte les navires et aucune cité au monde n'est aussi bien pourvue de magasins et d'entrepôts. D'une façon générale, les oiseaux y sont plus grands que chez nous. Les gens y élèvent des bêtes qui plongent dans l'eau des rivières pour y prendre du poisson ; ladite bête est assez petite. Ils l'appellent *lusti*. Pour avoir du poisson, il suffit de jeter ces *lusti* à l'eau ; ils en rapportent toujours. J'ai vu aussi des poules qui ne portaient pas de plumes, mais avaient une toison, comme les moutons. Il y a là-bas beaucoup de serpents que les gens mangent aux grandes fêtes. Qui y donnerait un banquet sans offrir au moins un entremets de serpent, ne se verrait reconnaître aucun mérite. Dans ses nombreux temples, ce peuple adore de grandes idoles, hautes comme des géants. Ils leur apportent des plats tout chauds dont ils laissent monter vers elles le fumet. » (*Le Voyage de Mandeville*)

En littérature, l'époque innove : théâtre et roman voient le jour dont le fameux *Shui Huzhuan*, « Au bord de l'eau », roman d'aventures (XIVe siècle), tiré de la tradition orale, qui relate les exploits de bandits révoltés contre la corruption du gouvernement et des hauts fonctionnaires. La poésie est assez insignifiante, sauf les *chu*, les chants qui alternent au théâtre avec les répliques des acteurs.

Réaction nationale et bouddhiste

Le dernier Yuan, Shundi (1333-1368), règne 35 ans, puis est renversé. La situation se dégrade vite. En 1335, puis en 1344-45, le Huanghe rompt ses digues, dans le Henan la première fois, en trois endroits dont le Shandong, la seconde. Ces catastrophes entraînent la famine. En 1347, le Shanxi en est à son tour la proie. Ces maux font sourdre la contestation organisée. Des sociétés secrètes : *Lotus blanc*, *Nuage blanc*, d'inspiration bouddhiste, proclament la prochaine venue rédemptrice de Maitreya.

Elles fomentent d'autant plus aisément des soulèvements localisés que l'autorité impériale demeure affaiblie après la succession difficile de quatre souverains entre 1320 et 1329. En 1351, apparaissent les « Turbans rouges ». La sédition devient révolte armée du Shenxi au Shandong. Dès 1352, elle s'est étendue au Bas-Yangzi. Des villes sont prises, dans l'Anhui, au Hebei, au Jiangxi. Un des chefs « Turbans rouges » se proclame empereur Hou Song, « Song postérieur », appellation nationaliste. Les rebelles sont raisonnables. Quand ils s'emparent d'une région, pas de pillage : tout fonctionne sous leur autorité – commerce, administration, armée, comme cela était ou devait être sous l'administration *yuan*.

Un chef d'entre les rebelles

Exemplaire de cette volonté, Zhu Yuanzhang, paysan de l'Anhui. Adolescent, il s'est fait moine pour échapper à la famine, puis a rejoint les « Turbans rouges ». Il se révèle excellent général, prend une première ville dans l'Anhui en 1352, puis va de victoire en victoire. Il tient Nankin, en 1359, le Jiangxi et le Hubei, en 1362. Il a interdit à ses hommes tout pillage, cela lui vaut le soutien des populations. Son autorité éclipse la plupart des autres chefs rebelles ; il élimine les rivaux qui ne veulent pas se plier à sa volonté. En 1368, à Nankin, il se proclame *Taizu* des Ming. Commence l'ère *Hongwu* – nom sous lequel l'histoire européenne le connaît. Puis il marche sur la capitale, la prend sans peine. Les Mongols l'ont déjà fuie et ont gagné leurs steppes. Les années suivantes, il conquiert Sichuan, Gansu, Yunnan, étend sa suzeraineté sur la Corée et à nouveau sur l'Asie centrale.

Chapitre 9

Les Ming (1368-1644)

La Chine des Ming répond à la volonté de ses premiers princes de retrouver, par-delà les siècles où l'Empire a été, en partie ou totalement, sous l'autorité de « barbares », les caractéristiques qui ont fait sa grandeur – celles du moins que ces princes lui attribuent. Elle va être tiraillée entre une image sollicitée du passé et un avenir qu'elle semble éviter d'envisager, entrant dans une phase de son histoire qu'il n'est pas absurde de regarder comme celle de l'« empire immobile ».

Deux grands souverains, Hongwu, Yongle

Les Ming ont d'abord de grands souverains, Hongwu et son fils Yongle. Yongle n'est pas l'héritier de son père, n'étant que son fils cadet. C'est Jianwen, son petit-fils qui succède à Hongwu en 1398. Son oncle Zhudi le renverse en 1404 et prend le nom de Chengzi – nom de règne, Yongle.

Hongwu

La menace mongole subsistant, Hongwu (1368-1398) conserve une armée puissante et renforce les défenses du Nord. Méprisant le commerce et se méfiant des négociants, il interdit le commerce maritime privé. Il se soucie des paysans, les rétablit en communautés autonomes, confisque les grands domaines fonciers qu'il loue. Il veut que les petits propriétaires organisés entre eux forment la part majeure de la paysannerie. La croissance démographique en est stimulée. Il chasse de l'administration les fonctionnaires qui ont servi les Mongols et restaure le système des examens. L'élite confucéenne retrouve un temps son rôle dominant. Afin de permettre à l'armée de ne jamais manquer d'hommes ni de revenus, il crée les « familles à profession héréditaire ». Trois hommes sur dix sont appelés à porter les armes, le revenu de certaines terres est réservé aux dépenses militaires. Il consolide son pouvoir afin que personne ne puisse le menacer, fait gouverner les provinces du Nord par des gens du Midi, celles du Midi par des hommes du Nord ; réduit le nombre des eunuques, mais fonde bientôt l'essentiel de son action sur leur collaboration… Il abolit le Secrétariat impérial et crée le *neige*, « conseil intérieur », organe informel restreint qui remplace de plus en plus la haute administration.

Yongle

Yongle (1403-1424) poursuit la politique de son père, mais s'intéresse au commerce. Contre la misère chronique, il fonde les « greniers d'abondance », magasins d'État appelés à vendre les céréales à prix coûtant en période de déficit. Leur succès sera tout théorique. Yongle réserve à l'État les productions minières selon la formule des antiques monopoles. Sel et fer, étain, cuivre, argent sont ainsi exploités. Sa politique de grands travaux – réfections du Grand Canal et de la Grande Muraille – a un objet stratégique : garder l'Empire des Mongols toujours remuants. Accessible aux jonques, le Canal relie Tianjin à Hangzhou par Nankin. Il contribue à rendre possible le choix de Pékin comme capitale, en 1409. La Muraille qui revêt alors l'aspect que nous lui connaissons protège directement le siège impérial. Par souci stratégique et commercial, Yongle invite les pays voisins à « lui apporter le tribut » et ordonne les premiers voyages d'exploration maritimes de l'amiral Zheng He qui se dérouleront jusqu'en 1433. Ces périples procèdent de l'ambition de faire au monde l'ostension de la grandeur chinoise. Après cette prestation grandiose, l'Empire se refermera lentement. C'est sous Yongle qu'est réalisée la monumentale *Encyclopédie* qui porte son nom : compilation en 370 millions de caractères et 22 937 livrets de toute la culture chinoise. La politique de Yongle est poursuivie par Hongxi, son fils (1425-1426), bien préparé à sa succession, mais qui meurt avant un an. Xuande (1426-1436), son petit-fils, homme de guerre, lettré mais sans génie, connaît un règne prospère.

L'amiral Zheng He et le commerce maritime

Zheng He doit sa fortune à l'amitié du futur empereur Yongle. De 1405 à 1433, à la tête d'une flotte de deux cents navires, il a traversé à sept reprises l'« Ouest de l'Océan » et visité une trentaine de pays de l'Asie du Sud-Est, de l'océan Indien, de la côte orientale de l'Afrique et de la mer Rouge. On dit même que, depuis l'Afrique australe, Zheng He cingla vers l'Amérique. Pourquoi pas ? Ses flottes surpassaient toutes celles de l'époque, par la taille des navires, l'importance des équipages, l'art de naviguer. Elles lui permettaient de réaliser le grand exploit ! Un académicien chinois abonde dans ce sens, même, dit-il, « si les documents manquent encore pour l'établir assurément ». Les archives témoignent que « les ports maritimes chinois étaient aussi actifs au début des Ming que sous les Song et les Yuan. Les contacts maritimes de la Chine avec les pays étrangers, consignés dans des documents remontant au IIe siècle avant notre ère, ont connu leur développement le plus grand durant les six cents ans qui ont précédé la fermeture du pays, au XVIe siècle ». Les navires de plus de trois cents tonneaux alors, une centaine au moins à Canton et à Quanzhou (au Fujian), rayonnaient vers les Philippines, les Indes et au-delà, où ils portaient les produits de l'intérieur, et rapportaient d'Égypte et d'Inde notamment, parfums, plantes, épices que les Chinois ont vite produits eux-mêmes. Ces navires sont les plus modernes du temps : aucun bâtiment construit alors dans un autre pays ne peut, à l'époque, rivaliser avec le *baochuan* (« navire-trésor ») d'une hauteur de plus de trente mètres. À lui la suprématie mondiale, en taille et en qualité. Zheng He a laissé une relation de ses périples, publiée en 1451.

La situation se dégrade (1436-1522)

Zhengtong (1436-1465) se bat contre les Mongols, il est fait prisonnier (1450) ; son frère Jingtai usurpe le trône et le jette en prison quand il est libéré (1456). Quand Jingtai meurt (1457), Zhengtong règne à nouveau et jusqu'à sa mort. Son fils Chenghua est le jouet de la concubine impériale Wan, son aînée de 19 ans. Bref regain de calme sous Hongzhi (1488-1506), « le Règne d'argent ». Hélas, son successeur, Zhengde (1506-1522), un fou, laisse gouverner l'eunuque qui l'a élevé et ses pareils, jusqu'à ce que le général et philosophe Wang Yangming les chasse et assure le pouvoir. Les menaces se multiplient. À l'extérieur, Mongols au nord, pirates japonais (*wokou*) sur la côte est-sud-est. À l'intérieur, le développement des grands domaines mécontente les paysans, les citadins se plaignent des réformes fiscales qui substituent aux corvées un prélèvement en argent estimé trop cher. Les mécontentements sociaux des zones frontalières sont accrus par la levée de « troupes locales » appelées à lutter contre les incursions des Mongols et des pirates. En 1448-1449, au Zhejiang et au Fujian, les insurgés paysans s'allient aux ouvriers des mines d'argent en révolte. La répression fait un million de morts.

Le siècle des trois empereurs : Jiajing, Longqing, Wanli

Jiajing (1522-1566), cousin de Zhengde, aime la paix et n'a pas plus que lui le goût du gouvernement. Le pouvoir est aux mains des coteries, les réformes fiscales se poursuivent. Jiajing, plus occupé de taoïsme que de l'Empire, sait-il seulement, en 1550, que les Mongols, au cours d'un raid, assiègent sa capitale pendant trois jours ? C'est en dehors de lui qu'évolue et finit par s'améliorer la situation militaire et économique, que s'atténue le mécontentement social.

Longqing (1567-1572), troisième fils de Jiajing, est soucieux de justice sociale et de réforme. L'amélioration entamée à la fin du règne de son père se poursuit de son fait. Soucieux de paix, il traite avec les Mongols, mais meurt au bout de six ans de règne.

Wanli (1573-1620) connaît un début de règne florissant. Son ministre Zhang Juzheng poursuit la politique de Longqing. La cour modère ses dépenses, les paysans sont défendus contre les gros propriétaires. Contre le péril récurrent des crues fluviales, un homme compétent est chargé des digues.

La disparition de Zhang en 1582 ramène les eunuques. La cour gaspille sans compter, les impôts sont exorbitants. En vain, fonctionnaires intègres et lettrés loyaux s'opposent à la corruption et au recours à la terreur qui gangrènent l'administration. À la gabegie criminelle, il faut ajouter bientôt les périls extérieurs et les dépenses qu'ils exigent. Au Ningxia, les Mongols, au Guizhou, les minorités, en Corée, les Japonais menacent l'intégrité de l'Empire. La guerre en Corée (1593-1598) est très coûteuse. Les difficultés financières du pouvoir l'amènent à prendre des mesures qui accroissent le malaise social. De nombreuses activités sont abandonnées pour taxation excessive. Si Fujian et Guangdong, en rapport avec les Occidentaux, Portugais puis Espagnols, font des affaires juteuses (un galion venu de Manille apporte autant d'argent en lingots qu'en fond en un an l'État chinois pour frapper monnaie), ils n'en reversent rien à Pékin. Le contrôle qu'exerçait le pouvoir sur le commerce extérieur pour des raisons fiscales comme de sécurité a disparu. Éloignement et anarchie font que son développement ne rapporte rien à l'État.

> **Les dépenses de l'État selon Matteo Ricci, jésuite italien arrivé à Pékin en 1601**
>
> « Le produit fiscal atteint des sommes énormes et n'est pas versé au trésor du palais. Il n'est pas permis à l'empereur de le dépenser à sa volonté. Tout ce qui est perçu, argent, riz et autres denrées, est amassé dans les magasins publics à travers l'Empire. Est prélevé sur eux tout ce qui sert aux dépenses de l'empereur, de ses femmes, de ses enfants, de ses parents, ses eunuques et autres gens du palais – dépenses magnifiques qu'ordonne l'appareil impérial, lequel est précisé par les lois de ce pays. On tire de là le traitement des magistrats, des soldats et autres officiers de la cour, qui atteignent des sommes que nous n'imaginons pas chez nous. En viennent encore les sommes employées à entretenir les édifices publics, les palais de l'empereur et de sa famille, les murs des villes, des forteresses et autres bâtiments de l'appareil de guerre. Et, dans l'étendue immense de cet Empire, on a bien sujet à bâtir et à réparer ! Or, ce qui semblera incroyable, c'est qu'arrivent des années où toutes ces sommes prélevées ne suffisent pas et qu'il faut bientôt recourir à de nouvelles impositions. »

Quelle Chine de 1368 à 1644 ?

Politique erratique et déconvenues aux frontières n'empêchent pas l'empire des Ming de connaître un incontestable signe de santé : sa population passe de 70 à 120 millions d'âmes. Pourtant, même si arts et lettres jettent quelque éclat, l'élan est cassé. Durant quinze siècles, jusqu'aux Song, les innovations se sont multipliées. Sous les Ming, les Chinois améliorent outillages et procédés dont ils disposent, mais ne créent plus. Métiers à tisser, imprimerie s'améliorent, culture et travail du coton se répandent ; céréales traditionnelles (blé, orge, millet, riz) ne cessent de se diversifier et de mieux répondre aux besoins ; arrive bientôt le maïs américain... Techniques agricoles ou pharmacopée appellent les suggestions de théoriciens souvent judicieux ; mais on ne recense pas d'innovations déterminantes. De plus, l'Empire va se tétaniser face à l'apparition d'étrangers dotés d'armes redoutables, de quantités de métaux précieux, et, en hommes des « temps modernes », déterminés à conquérir le monde. Face à eux, le génie chinois mettra quatre siècles à réagir.

Évolution sociale

Les structures de la société chinoise se modifient. En ville, la disparition de nombreux artisans sous le poids des taxes laisse la place à une petite bourgeoisie marchande et à un prolétariat misérable. Une brillante activité commerciale (céréales, sel, tissus, céramique) entraîne l'ascension d'une classe de gros marchands et d'hommes d'affaires. Dans les campagnes, la multiplication à l'initiative de Hongwu et de Yongle des petits propriétaires n'a qu'un temps ; les grandes propriétés se reconstituent. Bien des paysans sont ruinés par le cours forcé du papier-monnaie émis, dès Hongwu et Yongle, pour pallier le manque de métal précieux et faciliter les échanges commerciaux. Le statut de fermier l'emporte à nouveau sur celui de propriétaire. Toutefois, une part de la paysannerie sort de la seule économie de subsistance, connaît un mode de vie moins rude. Des maisons maçonnées paraissent dans les villages, les ruraux découvrent le petit mobilier : lits, tables, sièges, armoires. Mais la masse du prolétariat rural totalement démuni et sujet aux migrations saisonnières est de plus en plus importante.

Une activité intellectuelle intense

L'intensité du travail intellectuel et artistique sous les Ming a pour unique objet la Chine, le monde extérieur semble avoir perdu tout attrait.

La pensée

Wang Yangming, le général philosophe (1472-1528), réprouve le déterminisme mécaniste de Zhu Xi. Recourant à Mencius et à la bonté innée de l'homme, il établit que, si la conscience morale représente notre participation aux lois de l'univers (qu'en rupture avec Confucius, il persiste à assimiler à *li*, la « norme céleste » de Zhu Xi), l'étude objective est moins importante que l'intuition pour communier avec l'essence des choses. Situant, sous l'influence du *chan* et au mépris des *Classiques*, la source de l'accommodation au *dao* dans la connaissance intuitive, Wang, face au confucéisme « officiel », est « hétérodoxe ». Il n'est pas le seul : l'époque voit fleurir les *shuyuan*, « académies privées », à l'activité littéraire, artistique, politique intense. Sous l'angle politique, cette activité revêt souvent un caractère nationaliste et sa référence est Mencius. « Confucius rejetait tous les ministres qui augmentaient le trésor de princes inhumains ; à plus forte raison rejetait-il les ministres qui employaient pour ces princes la force des armes », écrivait Mencius (II, IV, 14). Le pouvoir *ming* se méfie de lui. Un Song avait fait de Meng un duc et élevé un temple sur sa tombe, Hongwu l'a dégradé. Si sous la pression des lettrés, le décret impérial a été rapporté, les Ming redoutent qu'on leur oppose ses idées anti-absolutistes : ce que font les *shuyuan*, surtout à partir de l'ère Wanli.

Une mise en pratique du savoir

La pensée scientifique se manifeste dans le domaine linguistique. Les linguistes se penchent sur les *Classiques*, les datent, dénoncent leur nature apocryphe, avec des incidences subversives sur la perception du monde et des institutions. Les mathématiques intéressent les *shuyuan*, et l'astronomie. Ce goût pour les sciences aura son poids dans l'accueil bientôt réservé aux premiers jésuites arrivés en Chine. Sciences et techniques ne sont pas des disciplines distinctes pour un Chinois. Quelle que soit la branche du savoir vers laquelle il se tourne : pharmacopée, médecine, botanique, agriculture, artisanat, etc., il en envisage les applications pratiques. Nombre de traités paraissent. Le livre de Xu Guangqi (1562-1633), *Nongzheng Quanshu*, « Traité complet d'agronomie », sur les techniques agricoles puise à d'innombrables sources, intègre les expériences de son auteur, aborde fondements de l'agriculture, systèmes d'exploitation agraire, contrôle des eaux, outillage, horticulture, sériciculture, sylviculture, élevage. Celui de botanique et de pharmacopée de Li Shizhen, *Bencao gangmu*, est aussi un ouvrage de médecine.

Les lettres

La littérature des Ming fait une bonne place au délassement : théâtre, romans. Le théâtre *yuan* revêtait un caractère populaire, le *chuanqi* des Ming (« roman à épisodes transposé au théâtre ») est un divertissement pour lettrés. *Pipaji*, « la Guitare », de Gao Ming (vers 1380), *Moudanting*, « Le Pavillon des pivoines », de Tang Xianzu (vers 1600) – *Roméo et Juliette* chinois – sont d'une vivacité gracieuse. Les grands romans voient le jour : *Sanguozhi yenyi*, « Les Trois Royaumes », épopée en prose aux héros de caractère trempé ; *Siyou ji*, « Le Voyage en Occident » – celui du moine Xuanzang – qui, avec quel humour ! tourne au fantastique ; *Jin Ping Mei*, « Fleur en fiole d'or », réaliste, licencieux, satirique. Les conteurs ne sont pas à négliger : *Zhulin Yeshi*, « Belle de candeur », recueil de fables érotiques, et *L'Amour de la renarde*, par Ling Mengchu, de contes fantastiques. La poésie crée peu. Gao Qi (1336-1374) qui composait des poèmes proches de ceux de Li Bai, a été exécuté pour s'être moqué de Hongwu. Yuan Kai (1368-1398), mort jeune aussi, jouait du classique *lushi* à la manière de Du Fu. Li Dongyang (1447-1516), Li Mengyang (1472-1529), He Kingming (1483-1521) menaient le cénacle des « Sept maîtres ». Plus tard, un autre groupe de « Sept maîtres » voit le jour, avec Li Banlong (1514-1570) et Wang Zhizheng. Tous ne méritent guère d'écho, de même que l'*École de Gongan*, l'*Association Fou*, l'*Association Ke*, l'*Association de Yuzhang* que les querelles pédantes occupent plus que la création.

Les arts au temps des Ming

La porcelaine

Hongwu restaure Jingdezhen dévasté en 1360 et y fonde une fabrique impériale pour disposer des céramiques qui donnent à l'étranger un exemple du savoir-faire et du raffinement chinois. La porcelaine alors compte trois spécialités : le *sancai*, « trois couleurs », hérité des Tang, les *monochromes*, les *blanc et bleu*. Le *sancai* tire ses teintes, verte du cuivre, jaune du fer, violette du manganèse. Le *monochrome* est rouge du fer, noir lustré du cobalt mêlé au manganèse, bleu du cobalt. Comme le *sancai*, il est fabriqué principalement à Jingdezhen où sont produits encore des *blancs* à couverte épaisse. D'autres *blancs* sont fabriqués au Fujian. Les *blanc et bleu* de Jingdezhen utilisent un minerai de cobalt provenant d'Iran dit « bleu musulman ». Son importation suspendue à certaines époques conduit à user d'un bleu local plus gris. Jingdezhen enfin continue à produire le céladon qui a fait la renommée des potiers *song*. La porcelaine des Ming est souvent considérée comme la forme suprême atteinte par cet art. La céramique est aussi associée à l'architecture : Hongwu, qui veut remplacer le bois par la brique, fait élever à Nankin une pagode de briques blanches, Yongle, à Nankin encore, une pagode de briques vert et jaune.

■ La peinture

La peinture *ming* produit des œuvres honorables. Au XVe siècle, on retiendra les noms de l'empereur Xuande et des « peintres de bambous » – symbole de sagesse – Wang Fu et Xia Zhang. Le groupe de Suzhou autour de Chen Zhou et qui compte Wen Zhengming, Tang Yin, Wen Boren, l'école du Zhejiang où se succèdent Wu Wei, Lan Ying et Ding Yunbeng, le mouvement du théoricien de l'art Dong Qichang (1555-1636), perpétuent la peinture *song*. Cet art souvent consacré au paysage est plein de vitalité et de raffinement. Xu Wei pour qui « l'ordre existe dans le désordre » peint à grands traits et crée un mode de peinture à l'encre qui influencera sous les Qing « Quatre moines peintres » et « Huit excentriques ».

■ Estampe et statuettes

À la fin des Ming, l'estampe, fine dès les Yuan, atteint la perfection. Ses thèmes, comme en peinture, sont souvent oiseaux et fleurs, la région du Bas-Yangzi, son centre le plus important. Fameuses, les œuvres imprimées en rouge, jaune, bleu et vert sans contour, d'après les dessins de Tang Yin. C'est sous les Ming que les statuettes d'ivoire offrent les figures les plus élaborées du panthéon populaire : Guanyin, d'abord, le bodhisattva devenu « bonne mère », trônant dans la pose du

« délassement royal », en « donneuse d'enfants », etc. ; Bixia yuanjun, la « Princesse-des-Nuages-Bigarrés », autre intercédrice majeure ; les « Huit Immortels », génies taoïstes, vieillards barbus au crâne protubérant (signe d'expérience) qui contemplent le monde avec la bienveillance narquoise de l'humour chinois !

Une gamme très tempérée

La musique ? Si le prince impérial Zhu Zaiyu, né en 1536, est sans doute le premier homme au monde à avoir défini la gamme tempérée, la pratique musicale n'évolue pas. Les orgues et épinettes apportés par les jésuites suscitent une stupeur admirative !

Apparition des Occidentaux

Les voies terrestres vers « le Cathay » leur étant fermées, les Européens se lancent sur les mers à la fin du XVe siècle. En 1508, Lopes de Sequeira fait voile vers Malacca avec mission de « s'enquérir des Chinois ». En 1510, Albuquerque installe à Goa la capitale de l'Empire portugais des Indes, prend Malacca et ouvre aux Portugais la mer de Chine. Ils sont au Guangdong en 1514. Les Espagnols, au Fujian, en 1543. Viendront, au début du XVIIe siècle, les Hollandais qui, en 1622, échouent à prendre Macao et s'installent à Formose.

Les Portugais

En 1517, les Portugais essaient d'entrer à Canton, usent du canon pour écarter les jonques qui prétendent les arraisonner et se voient signifier qu'ils sont indésirables. Même insuccès en 1519. En 1521, Goa envoie une ambassade. La « mission tributaire » de Tomé Pirès débarque à Canton, offre des présents aux mandarins, est conduite à Pékin. Là, les incidents se multiplient. Nul ne comprend le portugais, les Portugais ne parlent pas chinois ; la traduction remise de la lettre du roi du Portugal ne correspond pas au texte annoncé par les courriers du Guangdong. Surtout, le rapport est établi entre Pirès et les malheurs survenus en 1510 au « vassal » de Malacca. Selon les *Annales des Ming*, un ministre observe : « Ces hommes à barbe et à grands yeux sont cruels et retors à l'extrême. Il y a quelques années, ils ont tiré le canon à Canton et fait trembler la terre. Ceux qui vivraient chez nous désobéiraient à nos lois. Nous demandons à Sa Majesté Impériale l'expulsion de toutes les jonques étrangères de nos côtes » ; l'empereur approuve. Les présents sont refusés, Pirès renvoyé. Que vont faire ses compatriotes ? De la contrebande, à Canton, au Fujian, au Zhejiang, jusqu'à Nankin, et ils entrent en relation avec des Japonais. La situation évolue dans les années 1540.

Dans le sas de Macao

Les Portugais commencent alors à établir des rapports commerciaux avec le Japon, et le vice-roi du Fujian et du Zhejiang, Zhu Wan, décide d'en finir avec eux (1547). Des navires portugais sont interceptés, détruits, leurs marchandises saisies, des Portugais arrêtés, certains exécutés. Le salut va venir de Chinois qu'indispose la politique de Zhu. Ils intriguent et font nommer un censeur par Pékin... Zhu perd la face et se suicide. L'année 1557 voit l'accession des Portugais à la résidence à Macao et l'officialisation d'une situation qui dure depuis 20 ans. Ce serait le prix payé par l'administration impériale pour le service qu'ont rendu les canons portugais en chassant les pirates japonais des îles du Guangdong. Macao va devenir, pour trois siècles, le « sas » par où les Européens vont entrer en relation avec la Chine sinon y pénétrer. Le succès commercial est total. Il inquiète les Chinois qui font dresser un mur pour isoler Macao du reste de l'île qui la contient. La porte n'en est ouverte qu'une fois tous les quinze jours, pour que les Chinois puissent y entrer. Il est interdit aux Portugais cantonnés dans le réduit d'accéder au continent.

Arrivée des missionnaires catholiques

En 1552, le jésuite François Xavier qui revient du Japon essaie d'entrer en Chine et meurt d'épuisement à Shangchuan, face à Canton. En 1565, les premiers jésuites arrivent à Macao. En 1578, s'y installe le père Valignano, provincial d'Asie orientale. Suivent Michele Ruggieri en 1579 et Matteo Ricci en 1582. Franciscains, dominicains qui s'infiltrent dans le pays adoptent le comportement des bonzes. Ruggieri et Ricci qui ont reçu l'autorisation de s'installer à Shaoqing, capitale du Guangdong, constatent que les Chinois méprisent les moines. Pour séduire les lettrés, il faut passer pour l'un deux. Ricci se fait lettré confucéen. En 1600, il est à Nankin, en route pour Pékin. Il se lie d'amitié avec Xu Guangqi (l'auteur du « Traité complet d'agronomie »), fils d'un mandarin influent, attire son intérêt sur les mathématiques (Xu mettra en « beau langage chinois ce qu'il a pu apprendre des six premiers livres des *Éléments* d'Euclide ») et le dogme chrétien. Vite converti, Xu est plus encore séduit par le savoir de ce Li Madou qui poursuit son chemin vers la Cour, où ses présents – une carte du monde, des horloges, des instruments de musique – sont agréés en 1601 et conquièrent Wanli. Dès lors, il s'emploie à convaincre les lettrés que la tradition confucéenne, si on en élimine les apports bouddhistes et néo-confucéens, est proche de la doctrine de *Tianzhu*, le « Maître du Ciel » – nom qu'il donne à Dieu. Il multiplie les audaces rituelles et doctrinales ; est trop accommodant, disent ses détracteurs chinois et occidentaux. Il meurt à Pékin 1611, l'année où Wanli prie les jésuites de réviser le calendrier.

Au service de l'Empereur

Jésuite flamand, Trigault rentre en Europe en 1615, alors qu'une première persécution est déclenchée contre les chrétiens chinois. Il réclame à Rome des renforts et des dérogations aux rites romains dont la possibilité de dire la messe en chinois mandarin. Autorisations obtenues. Il se rembarque en 1517, avec de nouveaux confrères dont Terrenz Schreck et Adam Schall, astronomes et mathématiciens allemands. Retenus à Macao par une nouvelle persécution antichrétienne, ils n'arrivent à Pékin qu'en 1623. Schreck et Schall vont mettre au service de la Chine les sciences européennes les plus récentes.

Adam Schall, jésuite et mandarin

Arrivé à Pékin, Adam Schall von Bell entreprend de former des astronomes chinois à la science copernicienne que l'Europe ignorera pendant cent ans encore. Il rédige en quatre ans 137 volumes à l'intention du tribunal des Mathématiques, fond des instruments de mesure astronomiques. Ses talents de métallurgiste le conduisent à fabriquer des canons dont le souverain Ming a grand besoin. Ses adversaires sont nombreux ; il déjoue toutes les ruses. Le singulier apôtre n'oublie pas sa mission spirituelle. Par l'intermédiaire d'eunuques gagnés à sa foi, il catéchise et baptise des dames du Palais. Ainsi lui est-il donné de dire la messe dans le palais impérial. Les Ming renversés, il demeure à Pékin, sert les vainqueurs, approche plus que jamais le trône. Le 1er octobre 1644, grâce aux règles de Galilée, il calcule les coordonnées de l'éclipse qui a lieu ce jour-là, prévoit les caractéristiques de l'éclipse de lune du 11 février 1645 et est nommé mandarin de troisième classe. En 1653, il est mandarin de première classe et précepteur du jeune empereur. La mission tire-t-elle bénéfice de ces compromis avec l'humilité ordinale ? Oui, en ce sens qu'elle jouit du crédit du savant. Le jeune empereur Shunzhi (6 ans en 1644) voue à Adam Schall une véritable piété filiale qui va, il est vrai, à l'*astrologue* plus qu'à l'homme de Dieu.

Menace mandchoue et jacqueries

La dynastie Ming va tomber sous la poussée conjuguée de l'ennemi extérieur et des Chinois convaincus qu'elle a perdu le mandat du Ciel.

Les Mandchous

La dynastie dite plus tard Qing est fondée en 1608 par Nurhaci. Né en 1559 du clan Aisin Gioro, Nurhaci a soumis les tribus mandchoues. Un de ses succès est la création des « Huit bannières », système civil et militaire sous lequel toutes sont rangées. Il multiplie les recours économiques, sociaux, politiques aux Han de Mandchourie et se sinise, se pose en vassal royal des Ming. Or, il se proclame empereur Jin, issu de la *Dynastie d'or*, et, bientôt, établit sa capitale à Moukden. Le Ming s'inquiète. En 1626, Nurhaci meurt, après une grave défaite militaire face au général *ming* Yuan Chonghuan. Son fils Abahai (1626-1643) poursuit son œuvre, multiplie les institutions à la chinoise. Quand le khan des Mongols meurt au Tibet en 1634, son fils lui envoie le grand sceau des Yuan. En 1636, Abahai donne à sa dynastie le nom de *Qing*, « Pureté », et ses ambitions débordent la Manchourie. Une série de campagnes lui vaut la soumission de la Mongolie, de la Corée, puis le contrôle de la région du Heilongjiang, « fleuve du Dragon noir » – l'Amour. Il attaque la Chine, mais ses troupes sont repoussées par l'artillerie chinoise pour qui les jésuites ont fondu cinq cents bouches à feu.

Les jacqueries

Les paysans sont excédés, les soldats mécontents. Les mouvements mystiques attisent les foyers de colère qui vont prendre des dimensions formidables. À leur nombre, le *Lotus blanc*. Il use du nationalisme et annonce la venue salvatrice de Maitreya qui apportera justice et prospérité.

Le Lotus blanc depuis les Song

Vers 1133, au lendemain de la chute de Kaifeng sous l'assaut des Jin, Mao Ziyuan, bonze à Suzhou, fonde *Bailianjiao*, la « Société du Lotus blanc ». Il s'agit d'une société secrète, à ne pas confondre avec l'ancienne secte *Bailianzhen* née vers 400, qui s'est cantonnée sur le terrain religieux et dont les chefs au fil des temps furent de purs mystiques. La société qu'a fondée Mao, *alias* le *Maître du Lotus*, prend une allure nettement subversive et le gouvernement des Song l'interdit. Du reste, Mao traite fort mal le bouddhisme officiel et son *Lotus blanc* proscrit se réfugie dans la clandestinité. Il reparaît de siècle en siècle. Ce sont des associations se réclamant de lui ou de groupements analogues qui fomentent l'insurrection de 1351 et provoquent la chute des Yuan, en 1368 ; qui ébranlent le trône des Ming en 1622 ; qui susciteront une révolte contre l'empereur mandchou Qianlong en 1793 et manqueront de peu l'assassinat de l'empereur Jiaqing en 1813. Le *Lotus blanc* fera à nouveau parler de lui au temps de la Révolte des boxers en 1899-1900. Le travail des sociétés secrètes depuis les Song jusqu'à la fin de l'Empire, la persistance de l'agitation révolutionnaire à résonance religieuse au fil des siècles, sont des données que ne doit pas négliger qui veut comprendre les ressorts de l'histoire chinoise.

■ Des soldats ?

En 1627-1628, la sécheresse est persistante. La grogne populaire est partagée par les soldats qui manquent de vivres et se mutinent au Shenxi et au Sichuan. En 1629, au Gansu, le licenciement de troupes difficiles à nourrir entraîne des soulèvements. Nord, Nord-Ouest et Ouest échappent à Pékin. Zhang Xianzhong, soldat originaire du Shenxi, contrôle bientôt la vallée moyenne du Yangzi et le Sichuan. Il se proclame « roi de Chengdu » en 1642. L'année suivante, il est maître de la Chine du Sud et du Sud-Ouest. La Chine du Nord n'est pas en meilleures mains. En 1630, Li Zicheng, ancien berger enrôlé au Shenxi participe à une mutinerie et en prend la tête. En trois ans, il rassemble des dizaines de milliers de misérables et s'en sert en tacticien habile. En 1634, Li est capturé. Il négocie sa libération, promet de conduire ses troupes dans une région dépeuplée du Shenxi, ne tient pas parole, au motif qu'un magistrat a fait exécuter 36 hommes à lui qui s'étaient rendus. En 1635, il étend son emprise avec l'appui de nombreux petits propriétaires ruinés et de lettrés sans emploi, occupe tout le Nord où il stabilise sa position dès 1640. Début 1644, à Xi'an, il se proclame empereur. Il dispose de 400 000 fantassins et de 600 000 cavaliers.

1644, un jeu de dupes

Li achète de grands mandarins de la capitale et marche sur Pékin. Il y entre en avril 1644. La ville est livrée au pillage, les portes de la Cité interdite sont forcées, ses défenseurs égorgés, l'empereur Chongchen se pend à un arbre de la Colline au charbon qui domine le Palais. Li monte sur le trône impérial, fait mettre en pièces le cadavre de Chongchen et, si l'aîné s'échappe, tue deux de ses fils. Li exerce sa cruauté sur tous les personnages de haut rang en son pouvoir, dont le père du général légaliste Wu Sangui qui commande une forte armée au nord de la Muraille. Li envoie un courrier à Wu et lui signifie que, s'il ne se rend pas, son père sera égorgé. Wu répond préférer le parricide au service d'un brigand, et se tourne vers le régent Amaguang ou Dorgon qui, depuis la mort d'Abahai en 1643, gouverne les Mandchous, et lui demande assistance.

■ Les libérateurs mandchous

Dorgon ne laisse pas passer une si belle occasion et envoie à Wu 80 000 cavaliers. Les alliés marchent sur Pékin. Li fait retraite vers le Shenxi, emportant les trésors des Ming. Les Mandchous le poursuivent, récupèrent le butin, mais se refusent à franchir le fleuve Jaune et reviennent à Pékin. Ils y sont reçus en libérateurs. Wu fidèle aux Ming qu'il croit avoir sauvés veut faire introniser le fils de Chongchen. Il remercie les Mandchous de l'éminent service qu'ils viennent de rendre à l'Empire, leur offre de riches présents, puis les invite à regagner leur pays. Dorgon fait observer que le pays est encore troublé, conseille à Wu de poursuivre Li avec ses propres troupes auxquelles il ajoutera quelques escadrons. Lui-même pacifiera la région de Pékin. Wu n'est pas dupe, accepte, la mort dans l'âme.

■ Dix mille ans !

Plus de 100 000 cavaliers venus du nord de la Muraille se répandent dans le Beizhili (Hebei), puis entrent à Pékin : l'Empire leur appartient. Leur souverain, Shunzhi, fils d'Abahai, a six ans. Son tuteur, son oncle Dorgon, est un prince d'une prudence consommée et d'un total dévouement aux intérêts de son neveu. Pour lui gagner Wu qui reste redoutable, Dorgon lui offre le titre de « Prince pacificateur de l'Ouest », le fait vice-roi de Xi'an. Wu accepte, réservant l'avenir. Les mandarins des divers tribunaux, les généraux chinois, viennent féliciter le nouveau souverain, le peuple crie *Wansui*, « Dix mille ans ! » La dynastie des Qing est installée par acclamation en août 1644.

Li Zicheng, réfugié à Xi'an d'où le déloge Wu, fuit vers le Sud et finit au Hunan où il est assassiné en 1645. Zhang Xianzhong est battu et tué près de Chengdu en 1646. Les Ming conserveront quelques partisans dans le Sud pendant plus de vingt ans.

Chapitre 10

Les Qing (1644-1912)

Trois grands Qing

Les Chinois acceptent assez vite le pouvoir de leurs nouveaux maîtres. S'ils leur imposent quelques usages comme le *penzi* (natte que portent les hommes), la parité Chinois/Mandchous dans tout organisme administratif quand il y a plus de 100 millions de Chinois pour trois cent mille Mandchous, interdisent les mariages mixtes, ils se sont établis sans vraiment verser le sang et ont mis fin à 20 ans de jacqueries d'une extrême violence. Le premier Qing empereur de Chine, Shunzhi (1644-1661), tour à tour tenté par le christianisme et le bouddhisme, disparaît sans avoir eu le temps ni le goût de se mettre à gouverner. Les trois grands Qing sont ses successeurs.

Kangxi

Kangxi (1661-1722) est né en 1654. Sa mère, d'une famille jürchet sinisée de longue date, a du sang *han*. À 7 ans, l'enfant est « héritier apparent », à 8, empereur. Il règne sous l'autorité de quatre régents. Oboi, qui a aidé Shunzhi à se défaire de Dorgon, les domine. Plus soucieux de la préséance de son clan que de l'avenir de l'Empire, il fait casser, arrêter, mourir qui lui porte ombrage. Schall est condamné à mort et meurt en prison, ses confrères enfermés. En 1667, Kangxi manifeste sa volonté de gouverner, il met deux ans à se débarrasser d'Oboi qui, à son tour, meurt en prison. Le souverain a 15 ans, et beaucoup à faire.

L'économie chinoise

Kangxi est soucieux du sort des paysans et de la bonne marche économique du pays. Il fait procéder à la réparation du Grand Canal, lien fragile et indispensable entre Nord et Midi, prend des mesures fiscales pour favoriser l'agriculture, clé de la santé de l'État, veille, un temps au moins, à l'amélioration du traitement des fonctionnaires, afin qu'ils soient moins enclins à la corruption, plaie de l'administration chinoise.

Affermir l'empire

Le jeune Kangxi juge opportun d'ôter les provinces du Yunnan, du Sichuan et du Guangdong aux « trois feudataires » – généraux chinois qui ont suivi Wu Sangui en 1644 et s'en sont vus récompenser de ces fiefs immenses. Il faut 8 ans pour les réduire. La rébellion du Sud-Ouest demande moins de peine, mais est coûteuse en hommes, en argent. La révolte tibétaine, en 1674, aboutit à un accroissement de l'emprise chinoise sur le Tibet ; celle des Mongols Chakhars, soulevés en 1675, est brisée en deux mois, les vaincus incorporés aux Bannières. Pour briser les derniers mouvements anti-Qing, les régents avaient, en 1662, déplacé les populations côtières du Fujian auprès de qui les Ming conservaient des partisans – dont le pirate Koxinga, établi à Formose, et que les armées impériales mettent 20 ans à éliminer. En 1684, ces régions reconquises sont repeuplées, non pas autoritairement, mais au moyen notamment d'incitations pécuniaires. Au début du XVIIIe siècle, resurgissent les questions turco-mongole et tibétaine. Les Mongols Khalkhas, vassaux de la Chine, sont aux prises avec les Dzoungars, originaires de l'antique Ferghana et rivaux politiques des Chinois au Tibet. Les Dzoungars repoussés mais pas écrasés réoccupent le Tibet en 1717. L'empereur intervient alors fermement et établit, en 1720, sa suzeraineté sur le Tibet. La province d'Amdo, devenue Koukounor, est administrée par la Chine, l'est du Kham est intégré aux provinces chinoises du Sichuan et du Yunnan.

Kangxi et l'Occident

Kangxi réhabilite les jésuites maltraités par Oboi et recourt à leurs services. Il reçoit des ambassades hollandaises, en 1665 et 1687, portugaises, en

1670 et 1678. Purement rituelles, elles n'apportent rien aux « tributaires » européens. Il n'en va pas de même avec les Russes. Vers 1680, l'Empire chinois entre en conflit avec eux le long du Heilongjiang – l'Amour. La rivalité porte surtout sur les fourrures. La question trouve une solution diplomatique à Nerchinsk, en 1689. Les interprètes jésuites Jean-François Gerbillon et Thomas Pereira jouent un rôle clé dans la conclusion du traité qui fixe le tracé de la frontière russo-chinoise. Des ambassades russes suivront, sans profit pour le tsar, la plus importante menée par Ismaïlov en 1720. Mais les courriers entre Pékin et Saint-Pétersbourg sont de plus en plus réguliers.

Édit de tolérance de 1692

« Les Occidentaux admiraient notre culture sacrée avant de franchir les mers et de venir en Chine. À présent, ils règlent notre calendrier ; ils nous ont aidés à nous équiper d'armes à feu ; ils nous ont apporté leur concours dans le règlement de nos litiges territoriaux avec les Russes. Ils ont rendu bien des services à notre nation. Puisque nous laissons les lamaïstes et les bouddhistes exercer leur culte, il serait inique d'interdire aux Occidentaux de pratiquer le leur. »

La « querelle des termes et des rites » suscite des missions pontificales en Chine. Qu'est cette « querelle » ? Matteo Ricci a mesuré l'hostilité des Chinois aux idées étrangères et présenté le christianisme et ses dogmes de façon qui ne heurtât pas leur tradition. Question de termes : Dieu est appelé *Tianzhu*, « Seigneur du Ciel ». Rites ? Pour ne pas contrarier les usages confucéens, Ricci tolère que les convertis continuent à rendre hommage à l'empereur, à Confucius, aux mânes de leurs parents. Nombre de missionnaires jugeant que Ricci frôle l'hérésie en réfèrent à Rome qui condamne « les termes et les rites chinois ». À l'annonce de cette condamnation qu'en 1705 le légat apostolique de Tournon vient signifier en Chine, Kangxi fait éconduire le légat et interdit toute pratique du christianisme, toléré depuis 1692 pour services rendus. Il fait expulser les missionnaires qui ne s'engagent pas à le servir jusqu'à la mort. Certains missionnaires obéissent à Rome, quittent la Chine ; nombreux y demeurent, contre l'ordre romain, par amour pour leurs ouailles. D'autres légats suivront Tournon, le père Mezzabarba en 1720, les pères Gottard et Ildefonso, sous Yongzheng, sans plus d'effet.

■ Prince mécène

Curieux de sciences européennes comme des lettres et des arts chinois, Kangxi commande la composition du plus grand recueil jamais créé de caractères chinois. Le *Dictionnaire Kangxi* introduit les 214 clés de classement des caractères toujours utilisées. Il entreprend la construction de la monumentale résidence d'été de Jehol, au nord de la Muraille.

La fin du règne est assombrie par la question de sa succession. L'hériter présomptif intrigue ; il est cassé en 1712. L'empereur songe à deux autres de ses fils, mais tient secrète l'identité de Yinzhen qu'il finit par choisir. Ainsi agiront ses successeurs.

Yongzheng

Yinzhen, devenu Yongzheng (1722-1735) en accédant au pouvoir, doit s'imposer après le long règne de son père. Grand travailleur, méthodique, il réforme le gouvernement dans le sens d'une plus grande centralisation, rationalise la fiscalité. L'administration améliorée accroît le revenu fiscal et l'autorise, pour « encourager leur honnêteté », à mieux payer les fonctionnaires. Pour renforcer son pouvoir sur l'armée, il crée le département des affaires militaires qui les regroupe. Il consolide la frontière avec la Russie, tente de contenir les marchands occidentaux dans le seul port de Canton, est rude avec les chrétiens. Poursuivant l'œuvre paternaliste de Kangxi, il axe la politique économique sur les campagnes, exonère aisément les paysans d'impôts quand les conditions naturelles le commandent, et pose les bases de la prospérité qui va longtemps caractériser le règne de son fils. Yongzheng reçoit des ambassades du pape, du tsar et du roi de Portugal. Il est question des missions avec le premier, de frontières et de commerce avec le deuxième, de commerce avec le troisième ; il ne cède rien à personne.

Qianlong

Hongli, connu sous son nom de règne Qianlong, accède au trône le 18 octobre 1735 et abdique le 9 février 1796. Kangxi persuadé que son petit-fils serait un grand souverain aurait choisi Yinzhen pour lui succéder afin qu'un jour Hongli parvînt au trône.

■ Un prince scrupuleux

Qianlong imite son grand-père Kangxi dans son souci de justice et de modération, se sert judicieusement des procédures de gouvernement que son père a instaurées. Par les « mémoires au Palais » à quoi répond une « lettre de cour » rédigée par un ministre ou un « rescrit impérial autographe », toute affaire importante passe par lui. Très orthodoxe, Qianlong poursuit toute forme de « chemins gauches » ; la religion chrétienne subit des persécutions sévères en 1745-50, en 1785, et est constamment sujette à soupçons et répressions. Sous son règne, la population double et atteint 300 millions d'âmes.

■ La paix extérieure

L'ère Qianlong est conquérante. L'Empire atteint son étendue la plus vaste : 11 000 000 km² (la Chine d'aujourd'hui en a 9 000 000). La question dzoungare, au Xinjiang, est réglée avec une brutalité absolue en 1756 : 600 000 morts en un été. Des généraux capables matent la révolte de Formose, dans les années 1780, puis l'agitation au Tibet, en 1790-1792. Les armes de Qianlong sont toujours victorieuses, sauf aventure malheureuse au Tonkin, dans les années 1770-80. Les relations avec les Russes se tendent-elles ? Qianlong suspend le commerce et, le temps aidant, la Russie se calme. Les Qing sont la seule dynastie à avoir éliminé toutes les menaces séculaires sur leurs zones frontalières. Mais paraît un nouveau péril avec l'avidité des barbares « cheveux rouges ». Les restrictions au commerce des Occidentaux à Canton, entamées sous Yongzheng, sont durcies en 1760 : aucun rapport avec la population, contacts avec la seule guilde (*hang*) des marchands agréés, séjour à Canton limité à quelques mois, interdiction d'apprendre le chinois, de prêter de l'argent aux Chinois, d'en avancer pour l'achat de denrées, etc. En 1793, Qianlong reçoit l'ambassade britannique menée par Macartney, mais rejette toutes ses requêtes. Les Anglais imposeront leurs volontés par les armes, en 1842.

■ Un prince lettré

Dans le domaine des arts et des lettres, Qianlong fait plus encore que son grand-père. Il est fin calligraphe, bon poète, amateur de peinture et d'architecture : le palais d'Été et Jehol lui doivent beaucoup. Longtemps, il s'intéresse aux arts et aux sciences de l'Europe. Soucieux du savoir de la Chine, il fait composer le *Siku Quanshu*, « Bibliothèque complète en quatre sections ». Commencé en 1772, il rassemblera 3 460 ouvrages en 36 000 fascicules et 700 millions de caractères. Le prince lettré veut faire œuvre monumentale orthodoxe, exerce une censure impitoyable. Écrits « hérétiques » sont détruits par centaines. Le travail est achevé en 1787. Un catalogue analytique le complétera au début du XIXe siècle.

■ Difficile fin de règne

Ce règne heureux s'assombrit dans le courant des années 1770. Naît une crise économique qui s'aggrave au fil des années. « Des révoltes, des sécheresses et la famine ont désolé cet empire ces années dernières. Des inondations viennent de succéder à ces fléaux », écrit un missionnaire, en 1788. Il observe encore : « Le fleuve Kiang a rompu la forte digue vis-à-vis de Kintchéou-fu, et cette ville de premier ordre de la province du Hou-kouang a été submergée ; des milliers de ses habitants ont péri dans les eaux. La *Gazette de la Cour* fait mention de plusieurs autres inondations arrivées en différents endroits. Les rebelles de l'île de Formose ont été entièrement soumis, les chefs amenés en présence de Sa Majesté chinoise et punis avec beaucoup de sévérité. On a cru à Pékin et ailleurs que les Anglais fomentaient et soutenaient en secret la révolte des habitants de Formose, mais l'issue de cette guerre a démontré le contraire. » Qianlong accorde par ailleurs, depuis 1776, un pouvoir démesuré à un jeune favori, Heshen, qui s'avérera un aventurier talentueux mais d'une cupidité effrénée. La hausse des taxes met un frein durable à la prospérité des campagnes, la révolte gronde. Ayant régné 60 ans, Qianlong, par respect pour son grand-père, abdique afin de ne pas régner plus longtemps que lui. Son quinzième fils deviendra l'empereur Jiaqing, mais Qianlong, « derrière le rideau », conservera la totalité du pouvoir jusqu'à sa mort, en février 1799.

> **Qianlong à la veille de ses 80 ans**
>
> « Il ne se plaint d'aucune sorte d'infirmité, il marche d'un pas ferme et sûr, il a la voix forte et sonore, les yeux assez bons pour pouvoir lire et écrire sans le secours du verre ; mais il a l'oreille un peu dure à ce que m'a dit un prince, à l'occasion d'une estampe que je lui montrais et dont je lui expliquais l'une des figures représentées. C'était un cornet acoustique adapté sous la coiffure d'un homme et d'une femme, de manière qu'il semblait faire un tout avec les coiffures mêmes, et ne s'annonçait point comme une espèce de supplément à ce qui peut manquer au sens de l'ouïe. "Voilà précisément, dit-il, ce qu'il vous faudrait faire venir de France pour offrir à l'Empereur, car, ajouta-t-il, tout bas, il est un tant soit peu sourd d'une oreille, et il n'est pas bien aisé qu'on s'en aperçoive. Vous lui offririez un de ces cornets à titre de curiosité, parmi d'autres objets d'Europe ; il suffirait d'en indiquer l'usage. Il n'est pas douteux que sous prétexte de s'assurer si l'effet répond à l'annonce, l'Empereur n'en voulût faire l'essai sur lui-même." » (R.P. Joseph Amiot, 1790)

Trois tristes règnes

Au long règne de Qianlong vont succéder ceux de Jiaqing, Daoguang, Xianfeng, dans des temps autrement troublés.

Jiaqing le névrosé

Jiaqing (1796-1820), intelligent, mais névrosé, a en général le bon réflexe, mais revient trop souvent dessus. S'il commence par se débarrasser d'Heshen et de ses complices corrompus, Heshen mort, il gracie les autres et leur rend leurs biens, ajoutant aux désordres qui se sont accumulés et prennent la tournure sectaire traditionnelle. Le *Lotus blanc* reparu dès la fin de l'ère Qianlong fomente, en 1813, un attentat contre lui à la Cité interdite. Alors que ses caisses sont vides, Jiaqing doit entamer une politique de pacification militaire et lutter contre l'implantation des Européens dans le sud de l'Empire. Il rêve de restaurer paix et prospérité que connurent ses prédécesseurs, mais outre qu'il ne dispose pas des mêmes moyens qu'eux, le pays commence à souffrir d'une véritable hémorragie de métal précieux pour payer l'opium indien que les Anglais introduisent clandestinement. Or, face au fléau dont il pressent les effets, Jiaqing se contente d'éconduire l'ambassadeur Amherst que Londres lui envoie en 1816.

> **Instructions du gouvernement britannique à l'ambassadeur Amherst**
>
> « Vous vous tiendrez sur vos gardes contre toute renonciation qui peut vous être demandée au commerce de l'opium en territoire chinois, celui-ci étant prohibé par les lois de l'Empire. Si le sujet intervenait dans la négociation, traitez-le avec la plus grande prudence. Il est indiscutable qu'une bonne partie de l'opium produit par nos territoires de l'Inde trouve ses débouchés en Chine, où la perversité de ce peuple le conduit à un usage sans cesse accru de cette drogue maligne. Mais si le fait de suspendre nos envois d'opium en Chine devait entraîner quelque avantage ou faire l'objet d'un article de traité, vous l'accepterez ; inutile de se battre pour le maintien d'une liberté dans ce domaine ; notre opium du Bengale trouvera un débouché sur d'autres marchés libres. » Macartney avait reçu les mêmes consignes. Le crime était prémédité de longue date.

Daoguang l'infortuné

Sous Daoguang (1821-1850), l'Empire décline vite. Le voulût-il – il l'a voulu, le fils courageux qui s'interposa en 1813 entre son père et ses assassins –, il n'aurait pu, faute de moyens, faire grand-chose pour redresser la situation. Les provinces des marges – Xinjiang, Formose, Guangdong même – s'agitent et le cancer occidental qui ronge l'Empire, l'opium anglais, entre dans sa phase létale. L'affaire remonte à l'apparition des Britanniques au Sud à la fin de l'ère Kangxi. Yongzheng a interdit la consommation d'opium en 1727, il s'en importait 200 caisses par an. La caisse pèse un *picul*, 60,5 kg. Il en entrait un millier à la fin de l'ère Qianlong, 2 500 vers 1806, 4 000 en 1820. Puis une progression hallucinante provoque le déficit de la balance commerciale chinoise : 30 000 caisses vers 1830. Entre 1820 et 1845, la monnaie de cuivre perd 50 % de sa valeur par rapport à l'argent qui se raréfie. Daoguang multiplie les édits contre l'opium : en 1822, sa seule détention est interdite dans tous les ports, en 1829, sa vente, punie de mort au Guangdong. Il confie l'application de ses « volontés » à Lin Zexu, un homme intègre et énergique.

La guerre de l'opium

En 1838, Lin se rend à Canton avec les pleins pouvoirs et se fait remettre tout l'opium qui se trouve à bord des navires européens qui y mouillent. Pour vaincre toute résistance, il a imposé un blocus. Le surintendant du commerce britannique Elliot qui redoute les excès d'une population surexcitée par ces actes d'autorité prend la responsabilité de remettre l'opium au commissaire impérial. Lin le fait détruire. Daoguang se dit prêt à favoriser des relations commerciales légitimes. L'Anglais ne pardonne pas l'acte souverain qui a prétendu mettre un terme à son commerce le plus lucratif. « Au nom de la liberté outragée » [sic], il va imposer son poison à la Chine.

Une flotte britannique paraît, commence la « guerre de l'opium ». L'archipel des Zhoushan est occupé. Daoguang rappelle Lin, charge le prince Qichan de négocier. L'Anglais veut la légalisation du poison et de son commerce, 6 millions de dollars-argent pour indemniser ses marchands, la cession de l'îlot de Hongkong, face à Macao. Daoguang refuse, les hostilités reprennent. L'Anglais bombarde Canton, enlève Amoy, Ningbo, Shanghai et Zhenjiang. Les troupes mandchoues se battent jusqu'à la mort. Après la prise de Zhenjiang, les Anglais ne trouvent pas un être vivant dans la ville : les défenseurs ont tué femmes et enfants, se sont battus jusqu'au dernier. Le 29 août 1842, les Anglais arrachent la convention de Nankin qui stipule l'ouverture de cinq ports au commerce européen : Canton, Amoy, Fuzhou, Ningbo et Shanghai, le paiement d'une indemnité de 21 millions de dollars-argent, la légalisation du commerce de l'opium et la cession de Hongkong. Commence ce qu'on appellera « le partage du melon ».

Le dollar-argent

Le dollar est le nom de la monnaie des États-Unis depuis 1792. Le mot est la déformation du *thaler* autrichien. Le « dollar-argent » est le nom vulgaire que les Anglo-Saxons donnent à une monnaie espagnole frappée au Mexique et qui sert de monnaie usuelle en Extrême-Orient, le *peso grande* ou *peso gordo*, que les Espagnols appellent aussi *piastra* et les Français *piastre*. Le dollar-argent est d'autant plus utile en Chine que l'Empire ne frappe pas de monnaie d'argent et que les règlements en métal argent se pratiquent avec des lingots dont il faut vérifier le poids et la teneur, ce qui n'est guère pratique.

Xianfeng, épave humaine

Xianfeng (1850-1861), fils dépravé de Daoguang, frère des princes Chun et Gong dont on reparlera, ne va, son règne durant, prendre aucune part au gouvernement de l'Empire qui est assailli de tous les côtés. Des soulèvements paysans agitent les deux tiers du pays. Dès 1850, Hong Xiuquan, né au Guangxi, lettré raté, se fait passer pour « le frère cadet de Jésus-Christ » et mène un mouvement (encore un !) « Grande paix », *Taiping*. Le gouvernement est si isolé que son chef, le prince Gong, ignore pendant des mois la réalité de la situation. En 1853, Hong prend Nankin, se proclame « empereur de la Grande paix ». Battu, en 1860, par le général Zeng, il ne sera écrasé qu'en 1864 par des troupes chinoises que commande le Britannique Gordon. Le mouvement *taiping* occasionne 20 millions de morts.

Trafic d'opium et soulèvement Taiping

« Quelles que soient les causes qui aient pu déterminer les révoltes chroniques de ces dernières années en Chine, révoltes qui confluent aujourd'hui vers un bouleversement gigantesque, et quelle que puisse être la forme qu'il revête – religieuse, dynastique ou nationale –, il ne fait de doute pour personne que la cause de son déclenchement est que les canons anglais ont imposé à la Chine la drogue soporifique que l'on appelle l'opium. Devant les armes britanniques, l'autorité de la dynastie mandchoue est tombée en pièces ; la foi superstitieuse en l'éternité du Céleste Empire a disparu. [...] Tout comme on se plaisait traditionnellement à considérer l'Empereur comme le père de toute la Chine, on voyait dans ses fonctionnaires les gardiens des liens unissant le père à ses provinces respectives. Or, cette autorité patriarcale – le seul lien moral embrassant la gigantesque machine de l'État – a été progressivement minée par la corruption des fonctionnaires qui ont amassé des fortunes considérables de connivence avec les trafiquants d'opium. Est-il besoin d'ajouter qu'à mesure que l'opium étend son pouvoir sur les Chinois, l'Empereur et sa suite de mandarins pédants sont, pour leur part, dépossédés de leur pouvoir ? Il semble que l'histoire doive d'abord enivrer tout un peuple avant qu'elle puisse le tirer de sa torpeur millénaire. » (Karl Marx, *New York Daily Tribune*, 14 juin 1853)

Entre-temps, les Anglais et les Français, suite à un incident portuaire à Canton et à l'assassinat d'un missionnaire (le père Chapdelaine), ont repris les armes. Leurs soldats s'emparent des forts de Dagu, de Tianjin, et marchent sur Pékin où ils entrent, incendient le palais d'été, imposent au prince Gong traité de Tianjin en 1858 et convention de Pékin en 1860. Ces traités léonins, que les Chinois diront « inégaux », autorisent les « Puissances » à installer des légations à Pékin. Onze nouveaux ports sont ouverts dont Nankin et Tianjin. Les bateaux européens peuvent remonter le Yangzijiang, et l'intérieur du pays est ouvert aux missionnaires catholiques et protestants. En 1861, Xianfeng meurt. La concubine qui lui a donné un fils, son successeur Tongzhe, devient l'impératrice-mère. Elle sera la régente Cixi.

Une régence qui n'en finit pas : 1861-1908

Tongzhe, 5 ans, succède à son père. L'impératrice douairière Ci'an et l'impératrice-mère Cixi, puis Cixi seule, assument la régence. Tongzhe meurt en 1875. Son cousin Guangxu lui succède. Fils du prince Chun et de la sœur de Cixi, il a 3 ans. Cixi intrigue et demeure en place. Guangxu mourra sans avoir plus régné que son prédécesseur. Durant ce demi-siècle, appétits étrangers et individualisme chinois multiplient les traités « inégaux » qui, selon le mot de Sun Yatsen, font de l'Empire « la colonie de tous les pays ». Des hommes brillants, comme Li Hongchang (1823-1901), Zhang Zhidong (1837-1909), qui assument longtemps le pouvoir avec énergie, joignant respect du passé et intuition de l'avenir, sont impuissants à empêcher la décomposition de la Chine.

> **Le « partage du melon » (1840-1900)**
> 1842 : traité de Nankin
> 1844-1845 : concessions anglaises à Xiamen, Shanghai
> 1849 : concession française à Shanghai
> 1850-54 : les Russes s'emparent des bouches de l'Amour et de sa rive nord
> 1858-1861 : prise des forts de Taku, entrée à Pékin des Anglo-Français, sac du palais d'été – Les Anglais annexent Kowloon, ouvrent une concession à Tianjin – Les Russes occupent la région de l'Oussouri – Concessions anglaises à Hankou et Canton, françaises à Canton et Tianjin
> 1862 : concession anglaise à Jiujiang
> 1863 : concession internationale à Shanghai

- 1871 : les Russes occupent la vallée de l'Ili
- 1874 : les Japonais attaquent Formose, s'emparent des îles Liu Qiu (Okinawa)
- 1881 : les Russes annexent les territoires de l'Ili
- 1884-1885 : l'amiral Courbet canonne Fuzhou, coule la flotte chinoise – Les Français occupent une partie de Formose
- 1887 : les Portugais annexent Macao
- 1894-1895 : guerre sino-japonaise et traité de Shimonoseki, 17 avril
- 1895 – la Chine cède au Japon le sud de la Mandchourie, Formose, reconnaît son protectorat sur la Corée, doit verser 200 millions d'onces d'argent d'indemnité – Concessions allemandes à Hankou, à Tianjin
- 1896 : concessions russe et française à Hankou
- 1897 : l'Allemagne annexe Qingdao et Jiaozhou – Concessions japonaises à Suzhou, à Hangzhou
- 1898 : les Anglais annexent la région de Wehai, les Russes Dalian – Concessions japonaises à Hankou, Shashi, Tianjin, Fuzhou
- 1899 : concession japonaise à Xiamen, française à Zhanjiang
- 1900 : pillage de Pékin par les soldats des « Puissances » après le blocus des « Légations » par les Boxers
- Le « partage du melon » se poursuit en Mongolie, au Tibet, en Mandchourie jusqu'à l'invasion de la Chine par le Japon en juillet 1937.

Qui est Cixi ?

Née en 1836, Yehonala reçoit une éducation soutenue. Concubine de Xianfeng devenue Cixi, elle donne naissance à un fils bientôt héritier du trône. À la mort de Xianfeng, son fils, l'empereur Tongzhe a 5 ans. Elle partage un temps la régence avec l'impératrice douairière Ci'an qu'elle ne tarde pas à éliminer. Tongzhe meurt en 1875. Un fils du prince Chun lui succède sous le nom de Guangxu. Cixi, sa tante maternelle, garde la réalité du pouvoir, mais s'intéresse plus à réveiller les fastes de la Cour qu'à gouverner l'Empire. Elle restaure à grands frais le palais d'été. En 1898, Guangxu est majeur. Sous l'influence de Kang Yuwei et de Liang Qizhao, lettrés convaincus de la nécessité de moderniser la Chine, Guangxu se laisse persuader, alors que Cixi séjourne au palais d'été, de réformer État et administration. Expérience de courte durée. Quand Cixi rentre de *Yiheyuan* – qu'elle a superbement rebâti –, elle met un terme aux « Cent jours de Guangxu » avec le concours du général Yuan Shikai. Guangxu enfermé au palais d'été, Cixi retrouve la régence officielle. Elle apporte la caution impériale à la révolte populaire, dite des Boxers, contre les *fangui*, les « diables étrangers » (1898-1900). Les « Puissances » prennent le dessus, Cixi s'enfuit à Xi'an, imputant la responsabilité des hostilités aux seuls Boxers. Quelques têtes tombent. En 1902, Cixi est autorisée à regagner Pékin. Elle envisage alors des réformes : enseignement dont celui des filles, mode de recrutement des fonctionnaires, armée. Elle lutte contre la culture de l'opium avec un succès certain. La Chine a-t-elle pris un nouvel essor ? L'empereur Guangxu meurt le 14 novembre 1908. Cixi qui a désigné Puyi, 2 ans, pour lui succéder – un petit-fils du prince Chun –, décède le lendemain.

> **La Chine au lendemain de la mort de Cixi**
>
> « La Chine vivante a toujours su tirer de l'étranger ce qui lui convenait et cela seul, qu'elle s'assimilait, sinisait, jusqu'à le rendre souvent méconnaissable. Je ne crois pas qu'on voie jamais la Chine copier servilement les méthodes et procédés dont elle s'inspire, ainsi que le font les Japonais. [...] En dépit des idées venues de l'Occident, si le droit de la personne doit être suspendu ou supprimé, cela se fera sans état d'âme. Dans le pays, aujourd'hui, principalement dans les villes portuaires, la structure sociale de l'ancienne Chine s'estompe, à commencer par la quadruple partition : lettrés, paysans, artisans, marchands. Il y a longtemps que les marchands les plus riches s'offraient un grade mandarinal qu'ils payaient fort cher, afin de jouir de la respectabilité des lettrés. Plus besoin aux marchands de s'acheter une respectabilité. De même le nationalisme ambiant donne du crédit aux militaires traditionnellement regardés avec haine ou mépris, voire haine et mépris. [...] Il se crée une nouvelle intelligentsia, comme disent les Russes, qui n'est pas nourrie des seuls *Classiques*. Et puis, il y a l'argent, grand niveleur des statuts sociaux, qui n'est nulle part aussi abondant que dans les ports où naît la Chine moderne et qui concourra à enlever le mandat du Ciel à la dynastie paralysée par l'âge. » (Jean Rodes, *Le Temps*, novembre 1908)

Puyi

De son nom de règne Xuantong (1908-1912), Puyi est le dernier Qing. Intronisé à 2 ans, il abdique en mars 1912. À la suite d'une révolte partie de Wuchang en septembre 1911, la révolution s'empare de la Chine. La République est proclamée le 1er janvier 1912. Malgré la fin de l'Empire et son abdication, Puyi reçoit une liste civile et continue à résider à la Cité interdite pendant 12 ans. En 1933, il sera porté par les Japonais à la tête du *Manchuguo*, leur colonie de Mandchourie. Arrêté en 1949, il finira sa vie comme jardinier de la capitale et mourra à Pékin en 1967.

La pensée et les lettres sous les Qing

Anémiée depuis le règne des Song du Sud malgré les *Shuyuan* des Ming, la pensée chinoise se renouvelle sous les Qing.

La pensée chinoise

> « *Vouloir supprimer les désirs est plus dangereux que de vouloir arrêter le cours d'un fleuve.* » (Dai Zhen)

Gu Yanwu (1613-1680) lie la fin des Ming à une interprétation aberrante de la pensée de Zhu Xi, sous l'influence du bouddhisme *chan* qui a fait une place excessive à la bonté innée de l'homme ; Gu revient aux textes confucéens. Avec Wang Zongxi (1610-1695) et *Kaozhengxue*, l'« école (*xue*) de la recherche (*kao*) des preuves (*zheng*) », Gu refuse les « bavardages sentimentaux » et commande de remonter aux *Classiques* débarrassés de la gnose. De l'ère Shunzhi à l'ère Daoguang, *Kaozhengxue* occupe des hommes comme Wang Fuzhi (1619-1692), Hu Wei (1633-1714) Mei Wending (1633-1721), Yan Yuan (1635-1704), Yan Ruoqu (1635-1704), Hui Dong (1672-1742), Dai Zhen (1723-1777), Wang Niansun (1744-1832), célèbres par la rigueur de leur érudition. Le travail évolue au fil des ans. Les premiers entendent revenir à la science des Han, sans rompre avec l'interprétation de Zhu Xi. Dai Zhen et le groupe *Hou'an* rompent avec le « *li* qui règle toute chose » néo-confucéen. La somme de ces travaux est publiée en 1829.

Dai Zhen

Dai Zhen, grand érudit, use du doute méthodologique et voue un immense respect à l'Antiquité. Dénonçant les néo-confucéens, il tire de la conception chinoise du monde et de la continuité matière/esprit des règles pratiques de vie. Même la morale la plus élevée est dérivée de nos désirs et de nos instincts, non parce que la morale a son fondement dans l'égoïsme, mais parce qu'elle participe de ce qu'il y a de plus foncier en l'homme. Instinct de conservation, faim, désir sexuel, sont manifestations de la réalité en mouvement, *dao*. La vertu ne consiste pas à brimer et refréner les désirs, elle réside dans leur usage harmonieux. Dai élabore une critique radicale de la morale imposée depuis les Song, qui, « au nom du *li* qui règle toute chose », empêchait les humbles et les jeunes de s'exprimer et de satisfaire leurs aspirations. Cette morale est, à ses yeux, la principale source des délits et des discordes. L'érudit bénéficie d'une grande audience, le philosophe a peu de disciples.

Après 1830, de jeunes intellectuels forment l'« école de Gongyang » – du nom d'un exégète du *Chunqiu*, le *Classique* « Les Printemps et les Automnes », qui vivait au IIIe siècle av. J.-C. Ils assurent y trouver de « grandes pensées » qui permettent d'espérer – au prix d'un réformisme radical – l'avènement prochain d'une ère de Grande Paix – « *Taiping* ». À la fin du siècle, les deux figures du mouvement sont Kang Yuwei et Liang Qizhao, artisans des « cent jours de Guangxu ». Réfugiés au Japon, après 1898, Liang passe aux idées républicaines, Kang va plus loin, et il exposera sous le nom de « Grande Communauté », *Datong*, une théorie qu'il dit confucéenne, et qui annonce *Brave New World* d'Aldous Huxley et les abominations de l'ère *maozedong*.

Le *Datong* de Kang Yuwei

« 1°) il faut supprimer les nations [...] et former un gouvernement mondial ; 2°) les membres du gouvernement mondial [...] doivent être élus par le peuple ; 3°) il faut supprimer famille et mariage ; [...] 6°) le gouvernement distribue des emplois dans l'agriculture, l'industrie, etc., à tous les jeunes gens majeurs ; [...] 10°) on créera des dortoirs et restaurants publics, divisés en classes, correspondant aux efforts déployés dans les travaux. »

L'*intelligentsia* chinoise souvent hostile aux « Puissances » commence à recevoir de l'Occident une influence autre que technique et religieuse. Ses livres arrivent en Chine avec les étudiants revenus de l'étranger. Yan Fu (1852-1921) a découvert la philosophie anglaise à Greenwich, l'a traduite, et introduit en Chine les idées darwiniennes de sélection naturelle, par exemple. Les romans occidentaux arrivent aussi. Lin Chu qui en ignore la langue se les fait traduire oralement et les retranscrit. Il a fait découvrir aux Chinois Walter Scott, Hugo, Tolstoï. D'autres sont révélés par l'intermédiaire du japonais. Le Japon a modernisé son écriture. Bien des jeunes Chinois souhaitent voir la Chine faire de même.

Les lettres

L'époque des Qing a été féconde en littérature.

La poésie

Elle est abondante. Mais les poètes, fidèles aux formes anciennes – le *lushi* et surtout le *ce* – visent plus à se montrer virtuoses que créateurs. Nalan Xingde (1655-1685) est le maître du *ce*. Le culte de la forme n'empêche pas le succès du *shenyun*, « rime divine ». L'auteur n'y expose pas tous ses sentiments, invite le lecteur à les deviner et à les apprécier. C'est affaire de tempérament, plus que d'écriture. Le maître en est Wang Shizhen (1634-1711). Ses vers suggèrent son inspiration : au lecteur de rêver ! Neveu de Wang, Zhao Chisin (1661-1744) soutient que la poésie doit plus à la langue qu'à l'inspiration, reproche à son oncle un art trop vague. Qianlong aime Shen Deqian (1673-1769), grand lettré pour qui « la poésie vaut par le surcroît d'expressivité qu'elle donne aux mots dont elle sublime la portée » ; Shen se réclame de Du Fu, de Yuan Haowen, joue de la musicalité. Très classiques, les *Trois Maîtres de la gauche du Fleuve*, le nord du Yangzi : Yuan Mei (1716-1797), Qiang Zheqian (1725-1784) et Zhao Ye (1727-1814). Le premier (gastronome et libertin) suit l'inspiration de ses goûts, le deuxième chante piété filiale et salut de l'Empire, le troisième joue d'érudition. Après eux, la poésie s'essouffle, n'offrant que les « pâles reflets d'une lumière qui achève de mourir ».

Poète et gastronome

« *La subtilité au goût d'un plat cuisiné*
Culmine au moment exact où il quitte la casserole.
Ne pas l'attaquer alors ?
Il trahira la langue.
Un vêtement peut être de soie, de satin,
Venez à le porter défraîchi,
Il a pour l'œil perdu tout agrément. »

(Yuan Mei)

■ La prose

Aux XVIIe et XVIIIe siècles, contes et romans font leur place à la légende, la satire, l'héroïsme, au sentiment. Héritier des conteurs *tang*, Pu Songling (1640-1715) a donné *Contes extraordinaires du pavillon des Loisirs* où paraissent diables, animaux enchantés et autres merveilles. La satire sociale fait recette. *Ruputuan*, de Li Yu, « De la chair à l'extase », est un *Don Juan* chinois, moins tragique que la version européenne. L'auteur de *Chronique indiscrète des mandarins*, Wu Jingzi, fréquente le beau monde et raconte avec une ironie ce qu'il y observe. Monument romanesque de l'époque, *Le Rêve dans le pavillon rouge*, de Cao Xueqin. Le narrateur vit au sein de sa noble famille, riche de femmes de trois générations qui disparaissent les unes après les autres ; il confesse mener une vie inutile, incapable qu'il est d'apporter à ses parentes un secours affectif. Sa langue remarquable, sa grande finesse psychologique ont suscité maintes imitations. En 1780, Chen Fou donne *Récits d'une vie fugitive*, bref roman intimiste.

Au XIXe siècle, la Chine (celle qui s'interroge sur son avenir) donne volontiers dans le roman « savant » ; il est plutôt pédant, tel *Destin des fleurs reflétées dans la glace*, de Li Rouzhen (1763-1830). Le roman de mœurs est assez graveleux. Autre genre en vogue, le roman de chevalerie, comme *Cinq Jeunes Preux*, paru en 1889. Contes et romans satiriques se multiplient à la fin du siècle. *Mémoires sur le mandarinat contemporain*, de Li Baojia (1867-1906), *Scènes étranges vues depuis vingt ans*, de Wu Wuyao (1867-1910), visent les Mandchous et leur administration. Un sort particulier doit être fait au magnifique *Voyage de Laozan*, de Liu E. L'auteur

(1857-1909), mandarin mandchou partisan résolu du progrès, emporte le lecteur à travers la Chine de la fin des Qing et lui fait parcourir l'Empire éternel.

Le théâtre

L'ère Kangxi est une grande époque de *chuanqi*, spectacle pour lettrés hérité du temps des Ming. Le *Par la faute du cerf-volant* de Li Yu en est exemplaire – fondé sur le ressort inépuisable du quiproquo, lié à un message d'amour porté par le cerf-volant. Le genre s'efface peu à peu devant d'autres spectacles : drame militaire, dans l'esprit des *Trois Royaumes*, où les ballets fort animés figurent les batailles ; divertissements dits aujourd'hui « théâtre traditionnel », *xipi* au rythme rapide et *erhuang* lent et sentimental. Ils s'épanouissent à la fin de l'ère Qianlong.

Les arts plastiques sous les Qing

Les Qing font œuvre impériale en bâtissant et rebâtissant, à Pékin et à travers l'Empire, temples et palais. La Cité interdite pillée en 1644 est restaurée par Kangxi, l'Autel du Ciel, l'Autel de l'agriculture, par Qianlong. Tous les monuments d'origine *ming* et antérieurs sont réhabilités régulièrement. À 150 km de Pékin, au nord de la Muraille, à Jehol (Chengde), ils élèvent à partir de 1703 leur résidence d'été.

La porcelaine

Jingdezhen connaît des progrès techniques considérables, ses produits atteignent la perfection. La porcelaine Kangxi se distingue par ses monochromes : « sang de bœuf » et « peau de pêche », blancs à couverte dense, bleus « marbrés » et « poudrés », jaunes – du « jaune de Nankin » (ocre) au sienne brûlé. Fameux entre tous, le *blanc et bleu* Kangxi offre un saphir jamais égalé. Les « cinq couleurs » (*wucai*) reprennent le décor de fleurs et d'animaux des *sancai* (« trois couleurs ») *ming*, et ouvrent la voie à la « famille verte » (*yincai*) qui présente diversité de décors et gamme de nuances. À l'ère Yongzheng, les céladons renouvellent les céramiques *song* et le *yincai* cède le pas au *fencai*, « famille rose », plus ou moins pourpré.

Sous Qianlong, les couvertes imitent jade, corail, laque, bronze. Rouges « flammés », bleus « poudrés », couvertes « œuf-de-rouge-gorge », attestent habileté et imagination des artisans. Les *blanc et bleu* de style début des Ming (à patine artificielle...) sont recherchés. Le *fencai* existe encore, mais la demande privilégie le *wucai*. L'évolution commencée sous les Ming, poursuivie sous Kangxi, s'achève sous Qianlong : tout l'art des peintres : oiseaux, fleurs, paysages, est invité à décorer les céramiques.

La peinture

« La peinture chinoise a cessé d'être créatrice au XVIe siècle. Après, les peintres n'ont fait que recopier ce que la grande tradition des Song avait inventé, le beau est confondu avec le savoir-faire » (Zao Wou-ki). Mais la peinture Qing compte de vrais artistes, tels les « Quatre Wang ». Wang Shimin (1592-1680), Wang Jian (1598-1677), Wang Hui (1632-1720), Wang Yuanqi (1642-1715), pendant cent ans, mènent avec goût l'art orthodoxe du *shanshui*. Et il y a les réfractaires à la convention ! Le plus fameux est Yuan Ji ou Shitao (1641-1720). Il révolutionne le genre par une apparente simplicité née d'une économie de traits, d'un jeu de touches rapides. Il est le plus fameux des « Quatre moines peintres des Qing ». Son *Propos sur la peinture du moine Citrouille-amère* (1710) est un manifeste d'esthétique. Les autres sont Zhu Da son cousin, Kun Can, Hongren. Ils influenceront les générations suivantes dont les *Yangzhou Baguai*. Ces « Huit excentriques de Yangzhou » ne forment pas à proprement parler une école. Jin Nong, Li Shan, Li Fangying, Zheng Xie, Luo Pin, Wang Shishen, Huang Shen et Gao Xiang bénéficient de l'appui de mécènes du Jiangsu et exercent à leur tour leur influence sur les générations suivantes. Citons aussi Ren Xiong qui vit au début du XIXe siècle.

Les traditionnels rouleaux impériaux livrent une peinture qui abonde de détails pittoresques. De parfaite tradition chinoise, ils ont séduit les artistes occidentaux appelés à collaborer à ces commandes impériales. En retour, on ne peut négliger l'influence qu'exercent sur la peinture de Cour les pères Castiglione et Attiret. L'estampe reste en honneur. Si les sujets traités n'évoluent guère : fleurs, bambous, fruits, oiseaux, paysages, sa technique permet une grande variété de couleurs : jaunes,

Shitao (1642-1718), *Shanshui*, Musée de Nankin

orange, bruns, verts de plusieurs tons, rouges, roses et bleus ; parfois les graveurs l'enrichissent encore en superposant des planches de couleurs différentes.

> **Quelques propos du moine Citrouille-amère**
>
> « La source de la connaissance est l'Antiquité. La volonté de renouvellement implique de reconnaître cette source sans en être esclave. Or, personne n'ose tirer de l'Antiquité sa volonté de renouvellement. Je déplore le conservatisme sacré qui accable les œuvres antiques et interdirait l'évolution. Trop de gratitude asservit. Si la gratitude pousse trop étroitement à imiter, elle ne peut rien produire d'envergure. [...] La peinture traduit la loi rigoureuse de l'incessant renouvellement. Elle saisit la beauté essentielle des monts et des eaux dans l'élan de leurs formes successives, l'activité perpétuelle du Ciel, l'incessant influx yin/yang. Par le jeu du pinceau et de l'encre, elle saisit les Dix Mille Êtres qui chantent en moi leur allégresse. Les maîtres d'aujourd'hui n'entendent rien de ce chant. [...] L'obsession des Anciens vous ravit jusqu'à l'existence ! Moi, j'existe par moi, pour moi. Barbes et sourcils des Anciens ne vont pas me pousser sur la figure ni leurs entrailles occuper mon ventre. J'ai mes tripes et ma barbe ! S'il arrive que mon œuvre recouvre celle de tel autre maître, c'est lui peut-être qui me suit, ce n'est pas moi qui l'ai cherché ! Comme aux Anciens la Nature m'a tout donné. Si je les ai assimilés, pourquoi ne pourrais-je pas les transformer ? »

Une musique fidèle à elle-même

Ricci notait au XVIe siècle : « Ils ont quantité d'instruments de musique, mais ignorent l'accord discordant de diverses voix. » Les choses changent peu avant le XXe siècle. Si les empereurs Qing aiment à écouter la musique que composent pour eux le père Pedrini (1641-1746) ou le père Amiot (1718-1793), ce goût reste sans influence sur les musiciens de Chine dont, au fil des âges, l'évolution est lente.

Au XXe siècle, sauf « Révolution culturelle », elle aura ses virtuoses de musique européenne, puis ses « variétés » jugées un temps obscènes et interdites, avant de passer dans les mœurs.

La musique chinoise, selon Louis Laloy (1909)

« La musique chinoise est mélodique. Dans les ensembles, toutes les voix et tous les instruments observent l'unisson. [...] Le contrepoint s'est développé au Siam, au Cambodge, à Java ; [...] la Chine s'en est toujours gardée. [...] Autant que la musique des anciens Grecs elle ignore la cadence, et par suite toutes les règles de l'harmonie. [...] La Chine n'a accepté la nouveauté étrangère que pour l'adapter à sa tradition. Les Mongols lui ont apporté les demi-tons, mais elle n'en a fait que des intervalles de passage, sans influence sur l'ordre ancien de sa gamme à cinq notes. [...] La mélodie chinoise n'est astreinte à aucune succession nécessaire ; elle erre à son gré parmi des notes qui d'avance ne sont pas réunies en groupes, et dont chacune est prise pour elle-même, comme un son, non comme un élément d'une série [...] La Chine est trop avisée pour dédaigner aucune des inventions européennes. Déjà nos pianos et nos violons s'y répandent. Bientôt elle aura, comme le Japon, des écoles de musique, des conservatoires. »

Chapitre 11

La Chine sans Empereur

La République de Chine (1912-1949)

À la présidence de la République de Chine, les républicains ont élu Sun Yatsen (1866-1925), activiste démocrate élevé à Hawaï. Ils sont à Nankin. De Pékin, le général Yuan Shikai, qui a su moderniser son armée, contraint Sun à s'effacer devant lui. Il fait abdiquer le petit empereur, puis, sous le titre de président de la République, s'arroge la dictature. Sun se retire à Canton et fonde le *Guomindang* (GMD). L'Assemblée nationale est élue en 1913. En 1914, Yuan la dissout. En 1915, il est obligé de passer par le *diktat* du Japon, les « 21 points », qui réduisent de fait la Chine à un protectorat nippon. Le 1er janvier 1916, Yuan proclame l'empire à son bénéfice, mais meurt en juin, accablé par les révoltes simultanées du Nord, dues aux militaires, et du Sud, dues aux républicains. La Chine sombre dans l'anarchie qui l'accable durant des décennies à la fin de chaque dynastie.

Un nationalisme progressiste

Sun Yatsen répand sa doctrine, le « Triple Démisme » ou les *Trois Principes du peuple* (*San minzhouyi*) : *primo*, nationalisme (contre les « Puissances », gouvernement de la Chine par les Chinois) ; *secundo*, démocratie (gouvernement du peuple par le peuple et, en attendant, par ses guides les plus éclairés, le *Guomindang*) ; *tertio*, socialisme d'État, non marxiste, avec tout un réseau de lois sociales. Il se déploie avec générosité, mais en vain, et mourra épuisé en 1925. Une aspiration progressiste nationale est vive dans la bourgeoisie. Deux universitaires, Chen Duxiu, marxiste, et Hu Shi, plutôt libéral, réclament la mise à portée de tous de la langue écrite et préconisent le remplacement, dans les écoles d'abord, du *wenli*, langue des lettrés, par le *baihua*, « langage clair » – la langue parlée à Pékin. Prêchant par l'exemple, Hu Shi publie en 1919 *Histoire de la philosophie chinoise*, en *baihua*. Les partisans du « langage clair » obtiendront gain de cause après la formidable manifestation nationaliste et progressiste qui, le 4 mai 1919, protestera en vain contre les dispositions du traité de Versailles cédant au Japon les concessions que l'Allemagne détenait en Chine. En 1921, dans la Chine en proie à la guerre civile, Chen Duxiu et Li Dazhao fondent à Shanghai le *Gongchandang*, Parti communiste chinois (PCC). De jeunes Chinois gagnent l'Europe pour s'y informer de l'Occident. Certains travaillent en usine. Ainsi Zhou Enlai et Deng Xixian (que l'histoire connaîtra sous le nom de Deng Xiaoping).

Sun Yatsen

Sun Yatsen est né au Guangdong. Il a 13 ans quand il rejoint un frère émigré à Hawaï. Il suit des cours au lycée et s'y convertit au protestantisme, puis fait des études médicales à Hongkong. Hostile aux Qing, il fonde la société révolutionnaire *Xingzhong*, « Redresser la Chine ». En 1895, un coup d'État qu'il fomente échoue. Il s'exile, court le monde pour réunir les fonds indispensables à son action. Au Japon, il crée *Tongmenghui*, la « Société conjurée », avec l'ambition de « chasser les étrangers, restaurer la Chine, fonder une république, redistribuer équitablement les terres ». Il multiplie les coups de main, en pure perte ! Le 10 octobre 1911, à Wuchang, une révolte qui ne lui doit rien (il est aux États-Unis) provoque la sécession de la Chine du Sud. Réunies à Nankin, les assemblées des provinces (instituées en 1909) de la Chine méridionale se proclament « Assemblée nationale ». Sun rentre, est élu président de la République de Chine qui est proclamée le 1er janvier 1912. Son gouvernement n'a ni argent ni armée. Le Nord de Yuan Shikai, « loyal à la dynastie », dispose de forces militaires et de l'appui des « Puissances ». Sun doit fuir à nouveau au Japon jusqu'à la mort de Yuan. En 1917, il s'installe à Canton, proclame un gouvernement qui contrôle le Sud du pays, et, dans la perspective de briser les « seigneurs de la guerre » qui se partagent les restes de l'Empire, crée l'Académie militaire de Huangpu. Il reçoit l'aide du *Komintern*, refond le *Guomindang* en parti « nationaliste, anti-impérialiste et révolutionnaire », accueille des communistes dans son gouvernement. Il est convaincu que la réunification de la Chine passe par l'action militaire à partir du Sud, une phase de transition et l'accès à la démocratie. En 1924, il réunit une conférence pour l'abolition des traités inégaux et malgré son état de santé part pour Pékin, décidé à y traiter de l'avenir du pays avec les chefs régionaux qui s'y trouvent. Il meurt d'un cancer le 12 mars 1925, il a 59 ans.

Jiang Jieshi jusqu'à la guerre (1925-1937)

> « *Aux yeux des étrangers, le lieu appelé Chine est pour ainsi dire sans rapport avec son peuple.* »
> (Lu Xun, 1936)

Son beau-frère, le généralissime Jiang Jieshi (Chiang Kai-shek) succède à Sun à la tête du *Guomindang*. Jiang est confucéen. « La révolution, c'est faire régner le *ren* », dit-il. Cette « humanité » peut expliquer la relative modération du chef de guerre qu'il est face au système terroriste que le PCC et Mao mettent en place. L'été 1925, il a enfin entamé l'expédition contre les « seigneurs de la guerre » du Nord. En mai 1926, la moitié de la Chine est reconquise. Mais des dissensions se font jour au GMD, tandis que les communistes gagnent en audience. Direction du GMD et PCC rompent bientôt. PCC et aile gauche du GMD déplacent le siège du gouvernement à Wuhan. Jiang réagit et les communistes sont chassés de Wuhan par leurs alliés de la gauche du GMD revenus dans le giron du régime militaire du généralissime. L'unité chinoise est officiellement reconstituée. Sa capitale est Nankin. Jiang a deux adversaires, les Japonais et les communistes chinois, un allié, le *Komintern*. Staline souhaite une Chine assez solide face aux Japonais dont il redoute les ambitions. Mao Zedong ignorera ses consignes.

Mao et la légende de Yan'an

Le PCC va gagner lentement du terrain. S'y affirme un adhérent de la seconde vague, Mao Zedong. Né en 1893 dans le Hunan, plutôt caractériel, ce lettré médiocre aux dehors de dilettante est un théoricien confus. Obsédé de lui seul, il est, à l'instar peut-être des légistes et du Premier Empereur, d'une cruauté inouïe et d'un machiavélisme infernal. Après avoir appuyé un moment la « République soviétique » constituée en 1931 par le PCC au Jiangxi, Mao convainc les siens, en 1935, de se transporter à portée de l'aide soviétique, à l'extrême nord-ouest de la Chine. Commence la légendaire *Longue Marche*. Staline la réprouve, elle est un calvaire inutile pour les communistes chinois. Mao l'a voulue contre l'avis des autres chefs communistes, afin de s'assurer une emprise sur le PCC. Installé début 1937 à Yan'an (Shenxi), il va attendre. Diffusant sa propagande, il donne à croire qu'il y organise une armée disciplinée, que Yan'an connaît une première réalisation de l'idéal communiste. Il y vit en nabab et exerce de loin, par l'intermédiaire d'intellectuels complices ou abusés, une réelle influence sur les « lettrés » progressistes. Trompant tout son monde, qu'attend Mao ? Que les Japonais le débarrassent de Jiang, quelque prix qu'en paient les Chinois. Que fait l'Occident ? Des affaires, sans se soucier de l'avenir de la Chine.

Pensée et lettres après le « 4-Mai »

Après le « 4-Mai », les « académies » foisonnent. Notoire est la *Société pour la recherche littéraire* fondée en 1921, par Mao Dun et Ye Shengtao. Elle a de nombreux adhérents, mais est jugée trop conservatrice par de jeunes écrivains comme Guo Moruo et Yu Dafu qu'ont ébranlés guerre 14-18 et révolution russe. Ils fondent la *Société Création*, ont un slogan : « La révolution littéraire doit mener à la littérature révolutionnaire », condamnent les tendances libérales de Hu Shi (au pragmatisme très chinois...), s'en prennent même à la figure dominante Lu Xun (1881-1936), pourtant marxisant, qui prône de « puiser l'inspiration dans la lutte contre les injustices sociales ». Guo, Yu, avec leurs panégyriques de Marx et Lénine, connaissent un tel succès qu'ils sont arrêtés plus d'une fois. En 1930, la *Ligue des Écrivains de gauche* que fonde Lu Xun, et dont les revues sont interdites par le régime de Jiang, proclame que la littérature doit « être à l'avant-garde de l'histoire », dénonce capitalisme, impérialisme, « féodalisme » et petite bourgeoisie.

L'activité militante ne doit pas faire négliger l'œuvre romanesque d'auteurs nés aux alentour de 1900 : Lao She, peintre du petit peuple de Pékin, Shen Congwen qui fait revivre son Hunan, Ba Jin, auteur du terrible récit autobiographique *Famille* – ni le poète Xu Shimo qui crée, avec Wen Yiduo, l'*École de la Nouvelle Lune* et rappelle bien haut que la poésie « ne doit pas se ramener à des slogans politiques ou patriotiques ».

> **L'art chinois vu de Paris**
>
> Après le 4-Mai, l'art chinois connaît un nouvel élan. Pékin fonde son Académie des beaux-arts et il se constitue autour de Xu Dazang un essaim de talents nouveaux. Que de novateurs, respectueux par ailleurs du génie chinois ! Ils se nomment Wang Yizing, Fan Yeyu, Xu Daxian, Zhen Shouren. Très grand peintre, le fils de Xu Dazang, Xu Beiwong, est dit en France « le maître Jupéon ». Né en 1894, il travaille à Paris de 1921 à 1926. Sa familiarité avec Montparnasse ne lui enlève rien de sa spontanéité originelle. Il est une authentique synthèse Orient-Occident. Dans ses encres lavissées où, selon l'expression consacrée, « dessin et encre ne font qu'un », Jupéon, sobre et puissant, rend l'essentiel en quelques lignes jetées vivement. Fu Baozhi, paysagiste au lyrisme farouche, renouvelle les thèmes *song* les plus classiques. Oh ! la rêverie du sage laissant dériver sa barque dans le *shanshui* lumineux de lents méandres lovés autour d'un promontoire ! La Chine la plus moderne renoue avec le plus lointain passé. (D'après René Grousset, *L'Art chinois*)

Invasion japonaise, guerre mondiale et guerre civile

En dépit de l'invasion japonaise qui est d'une violence atroce et de la Seconde Guerre mondiale, la guerre civile chinoise ne cesse pas. Même loin des combats, le peuple a grand mal à survivre. « Si l'on compare à 1937, les prix se sont en moyenne multipliés par 200 », observe Lin Yutang en 1943. Beaucoup de ruraux n'usent guère de monnaie, mais cet indice est éloquent.

1937-1945

Depuis le début du siècle, le Japon est décidé à faire de la Chine sa vassale. En 1931, ses forces occupent tout le nord-est du pays au-delà de la Muraille. Jiang, dont l'armée en voie de reconstitution lutte contre les communistes, ne peut rien leur opposer. 40 millions de Chinois, les provinces les plus développées, passent sous le contrôle nippon. En 1933, les Japonais créent l'empire du *Manchuguo* ; Puyi, l'empereur abdiqué à six ans, entre dans leur jeu. Toujours plus actifs dans les concessions que Versailles leur a cédées, ils invoquent un prétexte en août 1937 pour bombarder Shanghai sans préavis et envahir la Chine. La côte est bientôt en leur pouvoir. Dès la fin de 1937, Jiang Jieshi abandonne Nankin où, en décembre, les Japonais se livrent à un odieux massacre (300 000 morts). Il gagne Hankou, puis Chongqing. Il y est coupé du monde qui compte : celui de l'économie et de la finance.

L'impossible alliance

Nationalistes et communistes vont-ils s'allier pour faire la guerre au Japon ? Staline, inquiet devant la puissance nippone, y invite Jiang à qui il fournit armes et argent, et Mao. Ni l'un ni l'autre ne s'y résolvent : chacun redoute que le frère ennemi bénéficie de la victoire à son détriment. En 1938, alors que les Japonais occupent la moitié du pays, Jiang s'en prend à la poche communiste de Yan'an, d'où rien ne se fait contre l'envahisseur. Après Pearl Harbor, il reçoit une aide des États-Unis entrés en guerre. Roosevelt incite Jiang à faire cause commune avec les communistes. Sans plus de succès. L'argent américain, deux milliards de dollars entre 1942 et 1945, permet la survie du régime de Jiang, mais le très *liberal* gouvernement démocrate ne l'aime pas.

1945-1949

La victoire américaine contre le Japon soulage le régime de Jiang qui figure au rang des cinq vainqueurs, avec les États-Unis, l'URSS, la Grande-Bretagne et la France. Jiang a tôt fait de reconquérir la majeure partie des territoires évacués par les Nippons, regagne Nankin, participe aux conférences internationales, connaît un moment d'euphorie. Nettoyer le reste du pays des maquis communistes sera une promenade militaire. Il lui faut déchanter. Mao joue sur deux fronts : le terrain et les relations internationales. Truman lui envoie le général Marshall qui n'aime pas Jiang. Berné par Zhou Enlai, le porte-parole de Mao, il rentre de Chine, persuadé que le *leader* communiste chinois préfère une entente avec Washington à ses rapports difficiles avec Staline !

■ **Irréductible Armée rouge**

Sur le terrain, la puissance est du côté de Jiang, mais les communistes ont l'avantage de se fondre au sein des masses rurales. Les hommes de Mao n'ont pas renoncé à la manière forte, mais, plus occasionnelle, elle est moins redoutable que la rapacité des unités nationalistes vivant sur le pays. L'été 1947, l'Armée rouge prend l'offensive dans le Nord-Est, isole les forces de Jiang, les réduit l'année suivante : 400 000 hommes sont hors de combat. En 1948, l'Armée rouge s'empare du Henan et du Shandong. Ses forces ne cessent d'absorber les unités nationalistes qui passent à elles avec armes et bagages. La bataille décisive a lieu l'hiver 1948-1949. Nankin tombe en avril ; puis Pékin et Tianjin. Les communistes sont à Shanghai en mai. Ils arriveront à Chongqing en novembre. Jiang et ses partisans chercheront alors refuge à Formose. Entre-temps, le 1er octobre, Mao a proclamé l'avènement de la République populaire de Chine.

Trente ans de maoïsme : une ère de tyrannie

La proclamation de la République populaire de Chine est un formidable événement national, le pays est rendu à lui-même.

Préliminaires

En 1950, un traité est signé avec l'URSS pour 30 ans. Les États-Unis parlent de « loss of China ». Arguant de la guerre de Corée (1950-1953), ils s'ingèrent dans les relations entre les « deux » Chine. Formose, la « Chine nationaliste », passe sous leur protection. Même brutales, les premières mesures prises par Mao, le « Grand Timonier », rétablissement du fonctionnement de l'État, confiscation des grands domaines, campagnes « anti-révolutionnaires » de 1951, etc., passent assez facilement – même l'égalité civile accordée aux femmes contre la coutume confucéenne. Obsédé par la place de la Chine dans le monde, Mao la lance dans un ambitieux programme d'industrie lourde et expérimente sa théorie sur le passage rapide au communisme avec mobilisation massive de main-d'œuvre. La production agricole tombe mais ne l'empêche pas d'exporter des produits alimentaires pour payer les investissements industriels.

▪ Une politique « d'acier »

Le pays gronde. Mao déclenche en 1956 le mouvement des « Cent Fleurs » qui prétend « débarrasser le PCC du bureaucratisme par la critique et l'autocritique ». Les mécontents sont dénoncés comme « droitistes » et sévèrement remis au pas. Suivent, en 1958, le « Grand bond en avant », en 1959, la création des « communes populaires ». Paysans et commerçants abandonnent terres collectivisées, boutiques nationalisées, et se mettent à fabriquer de l'acier partout. Edgar Snow, voix de Mao en Occident, assurera : « Le "Grand bond en avant" a permis d'atteindre en 1960, soit deux ans en avance sur le plan, les buts principaux de la révolution industrielle. » Grossier mensonge. L'effet de cette improvisation qu'aggrave la poursuite des exportations, ce sont 30 millions de Chinois morts de faim entre 1960 et 1962. Contesté au sein du PCC, Mao doit, en 1959, céder la présidence de la République à Liu Shaoqi, formé au marxisme à Moscou et partisan « au nom du réalisme » de sa « sinisation ».

La Révolution culturelle

Passé quelques mesures utiles, le régime de Mao apparaît comme une fuite en avant sous le fouet d'un tyran assoiffé de pouvoir. Sous le « Grand Timonier », avec lui ou contre lui, les hommes se jalousent, se haïssent, se dénoncent, se remplacent. Un seul paraît inamovible, le Premier ministre Zhou Enlai qui « combinait la plus totale fluidité avec une capacité de résistance absolue ; ainsi l'eau épouse instantanément la forme de n'importe quel récipient sans jamais abdiquer un atome de sa nature intime » (Simon Leys). Au PCC, les « réalistes » derrière Liu Shaoqi, dénoncés comme « conservateurs » ou « révisionnistes », s'opposent aux « volontaristes » ou « progressistes » qu'au nom de Mao, mène le ministre de la Défense Lin Biao. Lin fait de l'Armée un « outil idéologique », lance le culte de la « pensée-maozedong », dénonce dans les cadres du Parti des « confucéens embourgeoisés ». De brimades ponctuelles en campagnes de presse, la situation pourrit.

■ Isolement de la Chine

Au plan international, la Chine rompt en 1960 avec l'URSS de Khrouchtchev accusée de « révisionnisme » et ses satellites ; elle est bientôt isolée. Peu importe à Mao qui, en 1964, fait exploser sa première bombe A (la bombe H explosera en 1967). Zhou Enlai lance les « Quatre modernisations » – de l'agriculture, de l'industrie, des sciences et techniques, de la défense nationale –, qui ne seront pas mises en œuvre avant 1977. La situation empire ? Elle est imputable à l'« héritage impérial et confucéen » dont il convient de sortir. Toute « vieillerie », sociale ou artistique, rappel de l'« héritage », est condamnée ; le *Petit Livre rouge* est distribué à des dizaines de millions d'exemplaires. La Chine où il reste difficile de survivre va traverser une crise majeure.

■ Les Gardes rouges de Mao

Début 1966, une campagne de presse attaque la « droite ». Mao la mène. Elle prétend « démasquer les tenants du révisionnisme bourgeois infiltrés dans le Parti, le gouvernement, l'Armée ». Un premier *dazibao* (journal mural) « marxiste léniniste national » est placardé à l'université de Beida, le 25 mai. Il accable les « révisionnistes ». Une intense agitation estudiantine et lycéenne est conduite par un « Groupe central de la révolution culturelle » que coordonnent Jiang Qing, épouse de Mao, et Chen Boda, son porte-plume. Mao profite de la confusion pour écarter Liu Shaoqi et Deng Xiaoping naguère hostile à la rupture avec les Russes par « réalisme économique ». En août, une circulaire justifie une « nouvelle révolution », la « Révolution culturelle ». Mao passe en revue les « Gardes rouges » rassemblés place Tian'anmen. Les gamins exaltés (et nombre de voyous) se mettent à parcourir le pays qu'ils saccagent. Ils abusent d'un pouvoir discrétionnaire, des personnalités maltraitées se suicident. Le romancier Lao She est assassiné, il n'est pas le seul. Le Parti est paralysé. Début 1967, l'Armée intervient sur ordre de Zhou Enlai, mais n'empêche ni affrontements sanglants ni insurrections armées. Les « Comités révolutionnaires » institués à la place des organes administratifs « révisionnistes » peinent à se constituer, l'économie chancèle. Le ton évolue fin 1967, les dirigeants dénoncent les exactions « gauchistes ». Début 1968, les « Gardes rouges » perdent le soutien de Mao. À l'automne, les « Comités révolutionnaires » quadrillent le pays. Lin Biao annonce « la victoire de la Révolution culturelle ». Sa phase la plus violente est passée, elle a fait 2 à 3 millions de morts. Le pays est sens dessus dessous.

Les arts sous Mao

« Que dire de la vie artistique d'un pays, lorsque les peintres, les pianistes, les violonistes ont dû arrêter de travailler pour aller faire les travaux des champs dans le froid et la pluie ? La peinture ? Elle est passée pendant trente ans sous le rouleau compresseur du réalisme soviétique. Des millions de tableaux qui auraient pu être faits par la même personne. Ce qui gouverna, pendant ces longues années, ce furent la bêtise et, surtout, l'ignorance. En retrouvant mes amis, en 1978, j'ai pris toute la mesure du désastre et du gâchis qu'ont été ces longues années : en eux s'était installé le renoncement, celui qui brise et saccage tout à l'intérieur de soi. » (Zao Wou-ki, *Autoportrait*)

Jusqu'à la mort de Mao et la neutralisation des « Quatre », Jiang Qing et ses complices gauchistes, la Chine va tituber. En 1971, Lin Biao complote contre Mao, avant de s'enfuir vers l'URSS où son avion s'écrase. En 1973, Deng Xiaoping reparaît et devient vice-premier ministre, les « Quatre » ne songent qu'à l'évincer, mais Deng a le soutien de Zhou. En 1974, une violente campagne de presse est menée contre lui ; en 1975, Deng manœuvre, se fait connaître des techniciens, des vieux cadres, voyage à l'étranger, s'y donne la réputation d'un homme de rigueur. Mao alors n'est plus qu'une ombre, Zhou Enlai ne vaut pas mieux. Rivalités de faction frôlant la guerre civile, arbitrages obscurs du « Grand Timonier » prolongent, sous une forme atténuée, la Révolution culturelle. Le destin du pays est en suspens.

La Révolution culturelle vue d'Occident

Le maoïste français Régis Bergeron s'enflamme : « C'est partout le même élan titanesque et les faux prophètes qui spéculaient sur la révolution culturelle pour prédire le marasme économique sont démentis par les faits. La Chine en 1968 n'a que peu de choses à envier aux autres pays. » Même transe chez la maoïste italienne Macchiocchi : « Cette grande révolution, dirigée d'en haut par Mao, mais gagnée d'en bas par les masses, a remodelé profondément l'immense corps de la Chine. Elle a ressoudé travail manuel et travail intellectuel, réuni villes et campagnes ; l'*homo sapiens* et l'*homo faber* forment désormais un être complet, l'homme total. Le "socialisme impossible" du modèle soviétique se transforme en Chine en "socialisme victorieux". » En 1971, Alain Peyrefitte a mené en Chine un groupe de parlementaires, il écrira dans *Quand la Chine s'éveillera...* : « Le laboratoire humain qu'est la Chine offre un champ inépuisable à l'investigation. Au-delà de la révolution culturelle et des réactions stupéfaites qu'elle a suscitées, au-delà des affrontements toujours renaissants pour la conquête du pouvoir, la Chine s'est engagée dans l'aventure révolutionnaire la plus radicale qu'aucune société humaine ait connue. Des transformations qui nous paraîtraient incroyables semblent là-bas devenir possibles. » En 1974, Philippe Sollers voit encore s'accomplir en Chine « une vraie révolution anti-bourgeoise ».

Zhou Enlai meurt en janvier 1976. Le remplace un inconnu, Hua Guofeng. Faute d'autorité personnelle, il ne peut soutenir Deng que les « Quatre » font chasser du pouvoir et assigner à résidence. Victoire illusoire : Mao meurt le 9 septembre, les « Quatre » lui survivent politiquement un mois.

L'ère Deng Xiaoping (1977-1997)

Début octobre 1976, Hua fait arrêter les « Quatre ». Des affiches sont bientôt placardées dans Pékin, qui réclament le retour de Deng. Ce sera chose faite en mars 1977. Sa nomination sera confirmée par le Comité central, en juillet. Commence une ère nouvelle, elle se poursuit en 2007.

1978-1988

■ Sortie de crise interdynastique

En 1978, une nouvelle Constitution est adoptée, les premiers sanctuaires bouddhistes et chrétiens sont rouverts, des *dazibao* réclament « respect des droits de l'homme » et « démocratie », des manifestations dénoncent d'anciens responsables « Gardes rouges ». Survient « le 3ᵉ plénum du Comité central issu du XIᵉ Congrès de décembre 1978 ». Il adopte une politique « d'ouverture et de modernisation » censée faire de la Chine en 2000 « un État socialiste moderne » qui aura quadruplé la valeur de sa production. Ce 3ᵉ plénum voit la Chine sortir de 66 ans de crise interdynastique. Reste à décentraliser l'économie planifiée, à l'ouvrir au monde, à l'intégrer au marché mondial et à rendre aux Chinois « une vie décente ». Ce n'est pas l'abandon de la révolution chinoise, mais « une révolution chinoise dans la révolution chinoise ». Deng Xiaoping, avec le sens pratique de Hu Shi – artisan notable des événements 1919 –, invite les Chinois à « cesser de prétendre puiser dans la grande marmite collective », « les experts étrangers à participer à la construction des ouvrages clefs », et reprend le thème des « Quatre modernisations » lancé en 1964. Début 1979, il s'envole pour Washington. Son collaborateur Hu Yaobang est secrétaire général du PCC. À Pékin, les journaux muraux « non autorisés » se multiplient, des paysans manifestent réclamant « droits de l'homme » et « à manger ». Deng a fixé les limites à ne pas franchir : toute manifestation qui s'opposerait à la direction du PCC est interdite. Des meneurs sont arrêtés. Wei Jingzhen pour qui « les "Quatre modernisations" sont impossibles sans la Cinquième, la démocratie » écope de 15 ans de prison. Des intellectuels demandent que soit réévalué le rôle de Confucius « penseur, éducateur, homme politique et historien ». Ils seront entendus.

■ Le temps des « campagnes »

Fin 1980, Deng suspend les réformes des entreprises publiques tant leur assainissement se révèle difficile sans mesures socialement trop coûteuses. En 1981, la campagne est lancée contre le « libéralisme bourgeois » ; en 1983, « contre la criminalité et la pollution spirituelle ». Avec le *Document 19*, la liberté religieuse s'étend. En 1984, suite au recensement de 1979, la règle « un couple, un enfant » est imposée : « L'importance de la population excède les capacités du pays. » Les résistances sont énormes, surtout à la campagne où famille signifie main-d'œuvre. Autre inquiétude : comment un enfant unique assumera-t-il la continuité familiale ? Les réformes reprennent dans le secteur urbain des industries d'État, les communes populaires sont officiellement abolies. Quatorze villes côtières sont ouvertes aux investisseurs étrangers. Le Bas-Yangzi dont le cœur est Shanghai devient « zone économique spéciale ». En 1985, des valeurs mobilières sont émises. Les effectifs de l'Armée sont réduits. En ville, les prix alimentaires accusent une hausse inquiétante.

■ La « modernisation » du pays

En janvier 1986, un discours de Deng sur la corruption au sein du PCC suscite dans l'opinion des considérations sur la démocratie. Le *yuan* est dévalué de 15 % et des manifestations d'étudiants ont lieu, à Pékin et dans les grandes villes, « pour la démocratie » et « contre la vie chère ». À Pékin, il gèle. La police arrose à la lance à incendie les manifestants qui s'effondrent sur la glace ; ses agents chaussés de souliers à crampons les ramassent. Beaucoup sont arrêtés, certains seront punis. Les peines seront légères : la population n'est pas à leur côté, inutile de châtier ces « contre-révolutionnaires ». En revanche, il faut apaiser les dissensions dans la haute hiérarchie, les vétérans s'impatientent. Deng sacrifie Hu Yaobang que Zhao Ziyang remplace comme secrétaire général du PCC par intérim. Li Peng, proche des vétérans, devient Premier ministre par intérim. Quelques intellectuels « libéraux » sont exclus du PCC. Des restrictions sont apportées aux échanges avec l'extérieur. En novembre 1987, Deng quitte le Bureau politique, avec tous les vétérans, mais reste à la tête de la Commission militaire centrale. Le désaccord sur le rythme de la « modernisation » persiste et l'inégalité de développement entre les régions est inquiétante.

■ Ouverture à l'international

La Chine se cherche. Son ouverture, ce sont en 1980 de gros accords économiques avec les États-Unis et la Communauté européenne ; en 1983, le dialogue renoué avec l'URSS ; en 1984, le voyage du Premier ministre Zhao aux États-Unis et au Canada ; celui de hauts dirigeants en l'Amérique latine. En décembre 1984, Margaret Thatcher signe, à Pékin, l'accord sur la rétrocession de Hongkong, fixée au 1er juillet 1997. En 1985, le vice-premier ministre Yao signe à Moscou une convention commerciale pour cinq ans. En 1986, le Portugal accepte la rétrocession de Macao, pour 1999.

1989 et après

En 1989, les étudiants chinois ont une nouvelle poussée de fièvre. Ils sont soutenus par quelques intellectuels notoires. Les dirigeants ont lieu de redouter 1989 – conjonction du bicentenaire de 1789 (la Révolution française jouit d'une aura « progressiste » dans le monde entier), du 70ᵉ anniversaire du « 4-Mai », du 40ᵉ anniversaire de la République populaire. Or, le 15 avril, Hu Yaobang, le « sacrifié » de 1987, meurt ; la jeunesse qui lui a su gré de sa « tolérance », manifeste, réclame sa réhabilitation. Des journaux muraux s'interrogent sur sa disparition.

> **Le programme des étudiants chinois**
> Pendant que les Pékinois – un million bientôt – protestent contre la vie chère et les bureaucrates, les étudiants divulguent leur programme qui tient en quatre points : 1) aménagement des structures économiques socialistes ; 2) création de cadres « révolutionnaires » plus jeunes, plus cultivés qui édifient culture et morale socialistes ; 3) fin des abus qui sapent la socialisation ; 4) clarification du mode de décision au PCC. Le 4 mai, Zhao déclare que ces revendications « sont raisonnables ». Mesure d'apaisement. Il la paiera cher.

Le 25 avril, Deng prononce devant le Comité central un discours diffusé par le *Quotidien du Peuple*. « Influencés par les éléments libertaires de Pologne, de Yougoslavie, de Hongrie et d'Union soviétique, les étudiants ont entrepris de renverser la direction du Parti et de trahir l'avenir de la nation. Nous ne devons redouter ni opprobre ni réactions des étrangers. Nous devons faire de notre mieux pour éviter le bain de sang, mais nous devons savoir qu'il ne sera pas possible de l'éviter entièrement. » L'ordre va-t-il être vite rétabli ? Le gouvernement ne veut pas compromettre la visite de Gorbatchev attendu mi-mai. Le délai envenime la situation. L'épreuve de force a lieu dans la nuit du 3 au 4 juin. Il y a des morts, puis une répression sévère.

Les événements de 1989

Au fil des jours les manifestants acquièrent la conviction que, comme en Europe orientale, le pouvoir va céder. Le mouvement s'amplifie. À Pékin, il y a bientôt quatre mille journalistes étrangers. Les étudiants leur adressent des signes : slogans en anglais, statue de *Liberty*. Un millier d'entre eux entament une grève de la faim qui bouleverse leurs compatriotes. Renoncer à manger est l'évidente résolution de mourir. Les Pékinois émus convergent vers Tian'anmen. Commencée le 15, la visite de Gorbatchev qui doit mettre un terme solennel à la brouille entamée en 1960 est quelque peu perturbée. Le 18, le Russe a repris l'avion. Zhao Ziyang et Li Peng paraissent sur Tian'anmen. Zhao parlemente, Li se tait. Rien ne se passe. Le 19, c'est la loi martiale. L'armée converge vers Tian'anmen. La foule qui compte désormais d'authentiques mécontents l'invite à fraterniser. Avec quelque succès ici et là. Il y a peu de Chinois pour croire qu'un pouvoir qui tient le pays d'une main de fer depuis 40 ans va capituler devant des enfants. Le 24, devant la Commission militaire centrale, le général Yang Shankun, président de la République, assure que toute reculade de l'armée représenterait la fin du régime. Les jours passent. S'ensuit la nuit du 3 au 4 juin 1989, avec ses chars, ses flammes, ses morts et la vague de répression qu'elle entraîne. On va parler du « massacre de Tian'anmen », mais – le rapport d'Amnesty International publié en 1989 le montre – il n'y a pas un mort sur la place d'où, aux petites heures du 4 juin, le dernier carré des étudiants se retire en entonnant *L'Internationale*. Autour de Tian'anmen, sur les barricades dressées par des désespérés prêts à tout, c'est autre chose : mille à deux mille victimes. Beaucoup de Chinois seront punis pour avoir semé le trouble. La Chine est traumatisée moins par ces punitions que par l'ampleur des troubles. Les Chinois en ont conscience depuis des millénaires : « Un chef doit savoir tuer. » Autre monde.

La Chine va paraître tentée de se refermer, mais elle surmonte le traumatisme que ces troubles, leur répression et l'incompréhension du monde lui ont causé. Deng qui a quitté toute fonction mais demeure « derrière le paravent », comme Qianlong après son abdication, donne sa mesure jusqu'en 1992, date à laquelle il fait un long voyage dans le Sud et les régions économiques spéciales, invitant ses compatriotes à créer des richesses, et en 1993 qui voit officialiser l'« économie socialiste de marché ». Après cette date, il s'efface et meurt à la veille de la « fête des Lanternes » de 1997. Jiang Zemin qui préside alors aux destinées de l'Empire a été choisi par lui. Deng a encore désigné un jeune cadre né en 1942 pour assurer la continuité, après Jiang, Hu Jintao.

■ Le bilan de Deng Xiaoping

Il est évident, pour les Chinois comme pour leurs voisins asiatiques, que Deng Xiaoping doit être crédité de la revitalisation du pays et de son économie. Il a, à terme, permis à la Chine de connaître une croissance annuelle moyenne de 10 % ; il a commencé à libéraliser la société tout en en sauvegardant l'unité. Les Chinois vivent mieux, paraissent au visiteur animés d'une exubérante envie de vivre. Leur activité déborde leurs frontières. Se pratiquent dans leur pays tous les arts de l'Occident comme de la Chine de toujours. Il y a des Chinois dans tous les grands orchestres de la planète ; en 2000, un romancier chinois va recevoir le prix Nobel, les films chinois séduisent les cinéphiles du monde entier. En Chine même, les amateurs de disciplines anciennes, comme la calligraphie, ont reparu jusque dans les rues. Il faut voir les passants s'arrêter pour admirer l'homme qui, sur le trottoir, trace à la brosse, avec une eau grasse, d'élégants idéogrammes qui s'évaporent sous la lumière... Quand meurt le vieux lutteur, il est évident que le point de non-retour a été atteint, que les futurs dirigeants de la Chine ne pourront revenir sur la ligne définie puis mise en œuvre par lui à compter du « 3e plénum du XIe Congrès ». Mao, quoi qu'on puisse dire contre lui, a rendu à la Chine la conscience de soi et sa fierté. Deng lui a redonné un élan qu'elle n'avait plus connu depuis longtemps. Après un XXe siècle de tourments et quatre siècles de stagnation narcissique, *Zhongguo* – l'Empire du Milieu –, à la veille de l'an 2000, est prêt à affronter l'avenir.

Chapitre 12

« Dix mille années »,
ou cent siècles Han

Figurations chinoises

Si, en 2007, un Chinois porte son regard jusqu'au néolithique antérieur, il a des cent siècles écoulés une perception nationale. Des Han, « la race chinoise » dont il est, cultivaient alors les lœss du fleuve Jaune sous l'autorité légendaire de Fuxi qui enseigna l'agriculture et la pêche aux pasteurs. Plus tard, le divin Shennong leur apprit à se soigner par les plantes. En ce XXIe siècle, les Han représentent plus de 90 % de la population chinoise, plus de 50 % d'entre eux sont agriculteurs, et leur médecine millénaire n'a pas perdu son crédit. Culturelle sinon naturelle, cette histoire nationale est saisie comme continue depuis Fuxi dont les rois mythiques ont poursuivi l'œuvre. La Chine croit leur devoir l'établissement de ses normes morales, sociales, ses premiers pictogrammes dont témoigne encore son écriture. Confucius vantait ces figures tutélaires. « Que Yao a été un grand prince ! Quelle splendeur émanait de la culture et des institutions ! » La Chine situe rituellement la perfection dans son passé. Mais les Han sont des hommes et ne cessent, comme tels, de se détourner de l'enseignement des âges, au prix de l'harmonie de l'Empire et pour la plus grande colère du Ciel.

Les Chinois, empiriques affectifs et intuitifs, attachent un grand prix à l'expérience. Une de leurs figures familières est un vieillard à l'expression maligne, au front immense, siège de son expérience. Le temps et l'étude seuls permettent de parvenir à une perception utile des « Dix mille êtres ». Si les Han sont fiers de leur Antiquité, elle leur crée des devoirs ; ils se sentent les « frères aînés » de l'humanité. Le père Joseph Amiot, mort en 1793, parle « d'un peuple doux, honnête, paisible, complaisant même, amateur de l'ordre, plein d'égards par principe pour les étrangers, et toujours disposé à l'indulgence quant à leurs défauts ». Sentiment renforcé par la conscience de leur masse.

La pensée confucéenne au cœur

Les Chinois, dont le cœur est la base de l'intelligence, pensent et sentent de leur être tout entier. La simultanéité de l'intuitif et de la réflexion fonde leur sagesse. Le Chinois est rationaliste à sa manière, fort éloigné de l'intellectuel occidental souvent raisonneur. Sa raison n'est pas « système » ; elle est « mesure ». S'ensuit que son comportement est « raisonnable », non rationnel. Le Chinois obéit à *qingli*. Le mot est composé de *qing* – « nature des choses » – et de *li* – « éternelle mesure ». Il suppose le raisonnement tempéré d'une forte intuition. Le confirme Confucius : « À l'approche d'un événement, l'homme parfait sait d'avance ce qui arrivera de bon ou de mauvais. » *Qingli* recouvre toute attitude propre à répondre, dans le respect des usages, aux sollicitations de la réalité sensible et aux effets de « l'action du Ciel – [qui] n'est perçue ni par l'ouïe ni par l'odorat ». Soucieux d'épouser le flux inconstant de la réalité, Confucius s'est refusé à imposer tout code aux Han.

La société chinoise

Peut-on comprendre la Chine sans connaître ce qui se passe dans la tête des Chinois et les règles auxquelles obéit leur société ? Le Han est souvent regardé comme l'être le plus individualiste du monde. Si cette caractéristique lui a permis de se tirer de situations qui auraient anéanti le commun des hommes, il est admis aussi que l'ordre confucéen fondé sur la famille le garde de cet individualisme. La famille est la clé de la société chinoise. La solidarité y règne, réglée par l'âge des membres de la communauté, la génération à laquelle ils appartiennent. Son ordre calqué sur celui de la société féodale a pesé sur la société chinoise jusqu'au XXIe siècle. Confucius l'a consacré. « Le sujet obéit à son prince comme le fils à son père, et aux officiers comme le frère puîné obéit à son frère aîné ; le prince doit commander à ses sujets avec la même bonté qu'un père à ses enfants. » La Chine est une immense combinaison féodalité/famille. Chacun y obéit aux « Cinq relations » – prince/sujet, père/fils, aîné/cadet, mari/femme, amis – qui régissent la société de bas en haut et de haut en bas. Elles excluent toute différence entre devoir et maintien public, devoir et comportement privé. La substitution des mandarins aux féodaux n'y change rien. Au sommet, le Prince ; sous lui, féodaux ou fonctionnaires ; au-dessous, en une authentique démocratie sociale, les autorités naturelles : propriétaires, chefs de clan, de village, de famille, gros commerçants, réseaux de relations, donnent vie à la société. Il faut peu pour qu'y règne la paix sinon l'« harmonie » que l'Empereur aspire à établir avec le « mandat du Ciel ». Les Chinois sont endurants, opiniâtres, maîtres de soi ; mais chicaneurs aussi. « On ne saurait priver le dernier des hommes de son libre-arbitre », observe Confucius ; ce qui n'est pas nécessairement positif.

Perpétuelle jeunesse de l'histoire

La Chine a connu des périodes de crise aux violences inouïes, été souvent subjuguée par des étrangers. C'est une constante : elle subit l'événement lorsque son pouvoir malade perd le « mandat du Ciel » et cesse d'avoir prise sur son immense corps centrifuge. Elle faisait dire à Sun Yatsen que le seul danger que connussent les Chinois était d'être « comme un plateau de sable sec ». Teilhard de Chardin s'étonnait du « singulier spectacle » qu'offrait « cette géante contrée qui [...] représentait, toujours vivant sous nos yeux, un fragment à peine modifié du monde tel qu'il pouvait être, il y a dix mille ans » ; voyait l'immense pays « interminablement compliqué sur lui-même », malgré la mise en garde de Confucius : « L'honnête homme cultive l'harmonie, pas la conformité. » Conformisme substitué à l'harmonie, Confucius fossilisé par le néo-confucéisme, ont figé l'Empire que son immensité rendait, par ailleurs, lent à réagir à la nouveauté.

La Chine n'en a pas moins évolué et connu des périodes brillantes. Ainsi, celle des Tang. L'Empire ouvert au monde se développe pendant un siècle et demi de paix, puis ce sont insurrections, calamités, déclin, chute, au milieu d'une anarchie affolante. Viennent les Song. Raffinés, ils ont le tort de cultiver le néo-confucéisme qui fige une pensée subtile ; la machine coince. Les « Barbares » en profitent : Jürchets, puis Mongols, que les Ming finissent par chasser. Sous eux, le pays se ferme, le mouvement « interminablement compliqué sur lui-même » s'accuse, dans l'image que le pays va offrir aux aventuriers de l'« Océan occidental » bientôt arrivés sur ses côtes. Les renversent une formidable jacquerie et un « barbare », le Mandchou qui prend Pékin et étend son pouvoir à tout le pays. Leur dynastie connaît de grands souverains. La Chine n'a jamais été aussi vaste qu'à l'ère Qianlong, ni si brillante peut-être. Mais la dynastie prend de l'âge et l'Empire a un cancer au flanc, les marchands de l'Occident. Vrai confucéen, Qianlong le sait et a mesuré qu'il ne peut mieux faire que retarder un peu le mal. À sa mort, la Chine entre dans deux siècles de bouleversements cruels dont elle émerge aujourd'hui, décidée à reprendre la place qui est celle des Han sous le Ciel, la première. Bien des peuples, le cauchemar passé, se trouveraient hébétés. Pas les Chinois. Gou Hongming, en 1915, l'expliquait : ils allient raison adulte et cœur d'enfant. Cette heureuse union leur vaut une forme de perpétuelle jeunesse. Ils savent et tirer parti de toute expérience et prendre mille initiatives avec une fougue juvénile. Ils vont sur les traces de Confucius en qui ses contemporains voyaient, avec un mélange d'incrédulité et d'envie, l'homme « qui cherche ce qu'il sait impossible ». L'expérience rend endurant, le cœur, plutôt confiant. L'histoire de la Chine l'a montré cent fois.

Index des noms de personnes

A

Abahai (1626-1643), empereur des Qing avant la conquête de la Chine, 124, 126, 127
Aguda, *Taizu* des Jin, en 1115, la dynastie d'Or, 88
Aidi (– 7/– 1), empereur des Han antérieurs, 54
Aisin Gioro, ancêtre de Nurhaci et nom de son clan, 124
Aizong (907), dernier empereur des Tang, 78
Amaguang, voir Dorgon, 126
An Lushan, général des Tang, se rebelle contre Xuanzong, en 755, 75

B

Ba Jin (1904-2005), romancier, 157
Ban Gu (32-92), historien, 54, 61
Bo Juyi (772-846), poète, 81
Boyu, fils de Confucius, 35

C

Cang Jie, ministre légendaire de Huangdi, 18
Cao Cao (IIIe siècle), roi de Wei à l'ère des Trois Royaumes, 57, 66, 67
Cao Pi, fils et successeur de Cao Cao, 66
Cao Xueqin (XVIIIe siècle), auteur du *Rêve dans le pavillon rouge*, 146
Chang Xian, poète des Song, 98
Chen Baxian (557-589) a fondé la dynastie Chen, 68
Chen Boda, secrétaire de Mao Zedong, 162
Chen Duxiu, fondateur du PCC, 154, 155

Chen Fou (XVIIIe siècle), auteur de *Récits d'une vie fugitive*, 146
Chen Ling, poète mort en 217, 67
Chen Sheng, un des généraux qui renversent les Qin en -211, 51
Chenzong (1294-1307), empereur Yuan, 106
Chen Zhou, peintre des Ming, 120
Cheng, souverain mythique, fils de Wu, 28
Chengdi (– 33/– 7), empereur des Han antérieurs, 54
Chengguo (IIIe siècle av. J.-C.), hydraulicien, 31
Chenghua (1465-1488), empereur des Ming, 114
Chengzi – voir Yongle, 112
Chiang Kai-shek, voir Jiang Jieshi, 156
Chiyou, ancêtre mythique des Miao adversaire de Huangdi, 18
Chongchen, empereur des Ming, se suicide en 1644, 126
Chun (prince), fils de l'empereur Daoguang, père de l'empereur Guangxu, 139, 140, 141, 142
Ci'an, impératrice épouse de Xianfeng, 140
Cixi (1836-1908), concubine de Xianfeng, impératrice-mère et régente, 140, 141, 142

D

Dai Zhen (1723-1777), érudit, 143
Daizong (762-779), empereur des Tang, 76
Daoguang (1820-1850), empereur des Qing, 136-139, 143
Deng Ling, disciple de Mozi, 43
Deng Xiaoping (1902-1997), gouverne la Chine après Mao, 12, 155, 162-169
Deng Xixian, voir Deng Xiaoping, 155
Dezong (780-805), empereur des Tang, 76, 80
Dibing (1279), empereur des Song du Sud, 94
Ding Yunbeng, peintre des Ming, École du Zhejiang, 120
Dong Qichang (1555-1636), peintre des Ming, théoricien de la peinture, 120
Dong Zhongshu, lettré mort en -105, 58
Dorgon, régent de la dynastie mandchoue après la mort d'Abahai, 126, 127, 130
Du Fu (712-770), poète des Tang, 80, 81, 119, 145

Duzong (1265-1274), empereur des Song du Sud, 93
Duanzong (1277-1278), empereur des Song du Sud, 94

F
Fan Guan, peintre des Song du Nord, 99
Fan Yeyu (xxe siècle), peintre, 158
Fan Zhongyan (989-1052), lettré et penseur dit « le Maître universel », 90
Feng Dao, ministre des Cinq dynasties, fait imprimer les *Cinq Classiques*, 86
Fu Baozhi (xxe siècle), paysagiste, 158
Fufei, dame légendaire des Xia, 20
Fuxi, figure mythique, premier des Trois Augustes, 14, 17, 20, 26, 172

G
Gao, impératrice régente des Song du Nord, 91
Gao Ming, auteur dramatique, fin des Yuan/début des Ming, 119
Gao Qi (1336-1374), poète, fin des Yuan/début des Ming, 119
Gao Xiang peintre, un des « Huit Excentriques de Yangzhou », 148
Gaozong (649-683), empereur des Tang, 73, 74, 79, 80
Gaozong (1127-1162), empereur des Song du Sud, 93
Gaozu, « père fondateur » d'une dynastie, 52, 73
Ge Zhengming, *alias* Mencius, 41, 43
Gengis Khan (1160-1226) = *Chinggis Qaghan*, empereur mongol, 95, 101, 106
Gong (prince), fils de Daoguang, gouverne sous Xianfeng et après, 139, 140
Gongdi (xe siècle), empereur des Zhou postérieurs, 89
Gongdi (1275-1276), empereur des Song du Sud, 94
Gou Hongming (fin xixe - début du xxe siècle), diplomate et lettré, 9, 175
Gu Yanwu (1613-1680), penseur confucéen, 143
Guanyin, *bodhisattva* de la compassion, « bonne mère » du bouddhisme chinois, 101, 120
Guangwudi (25-57), premier empereur des Han postérieurs, 56
Guangxu (1875-1908), empereur des Qing, 140-144
Guangzong (1189-1194), empereur des Song du Sud, 93
Guo Moruo (1892-1978), homme de lettres, 157
Guoxi, peintre des Song du Nord, 99
Guo Ziyi, général de Suzong des Tang, 76

H

Han Gan, peintre des Tang, 83

Hanfei (− 280/− 233), penseur du « légisme », 46, 47, 50

He Kingming (1483-1521), chef du cénacle des « Sept maîtres », 119

He Jin, chef de la garde impériale des Han, élimine les eunuques en 189, 57

Heshen (1750-1799), favori de Qianlong, 135, 136

Hongli, voir Qianlong, 133

Hongren, un des « Quatre moines peintres des Qing », 148

Hongwu (1368-1399), *Gaozu* des Ming, 110, 112, 117-120

Hongxi (1425-1426), fils de Yongle, empereur des Ming, 113

Hong Xiuquan (1850-1864), chef du mouvement *Taiping*, 139

Hongzhi (1488-1506), empereur des Ming, 114

Hou Jing, usurpateur renverse les Liang en 551, tué en 552, 68

Hu Jintao (né en 1942), président de la République populaire de Chine depuis 2002, 169

Hu Shi (1891-1962), lettré libéral, promoteur en 1919 du *baihua*, 154, 155, 157, 165

Hu Wei (1633-1714), lettré, 143

Hu Yaobang (1979-1987), secrétaire général du PCC, 165-167

Hua Guofeng, succède à Zhou Enlai en 1976, puis s'efface devant Deng Xiaoping, 164

Huang Chao, chef rebelle bouddhiste sous les Tang, 77, 78

Huangdi, l'« Empereur Jaune », premier des Cinq Souverains légendaires, 14, 18, 19, 20, 26, 28, 40

Huang Shen, un des « Huit Excentriques de Yangzhou », 148

Huang Tingjian, poète et prosateur des Song du Nord, 98

Hui Dong (1672-1742), lettré des Qing, 143

Huinang, peintre des Song du Sud, 101

Huizong (1100-1125), empereur des Song du Nord, 91, 96, 99

Huo Guang, général des Han postérieurs, 53, 54

Huo Xian, femme de Huo Guang, fait assassiner l'impératrice Xu, 54

J

Ji, père du roi légendaire Wen des Zhou, 28

Jiajing (1522-1566), empereur des Ming, 115

Jiaqing (1796-1820), empereur des Qing, 125, 135-137
Jia Sidao (1213-1275), ministre des Song du Sud, 94
Jia Yi, lettré conseiller de Wendi des Han, 59, 61
Jianwen (1399-1402), empereur des Ming, petit-fils de Hongwu détrôné par Yongle, 112
Jiang Jieshi (1887-1975), succède à Sun Yatsen à la tête du *Guomindang*, 156-160
Jiang Qing, épouse de Mao, 162, 163
Jiang Zan, peintre paysagiste, des Song du Sud, 99
Jiang Zemin, président de la RPC (1992-2002), 169
Jie, dernier souverain des Xia, 20
Jin (prince), installé à Nankin en 318, fonde les Jin de l'Est, 68
Jin Nong, un des « Huit Excentriques de Yangzhou », 148
Jing, « roi » des « Sourcils rouges » sous les derniers Han antérieurs, 55
Jingdi, fils de Wendi des Han, père de Wudi, 52, 56
Jingtai (1450-1457), empereur Ming usurpe le trône de Zhengtong prisonnier des Mongols, 114
Jingzong (824-826), empereur des Tang, 77

K

Kang Yuwei (1858-1927), lettré inspire les « Cent jours de Guangxu » (1898), 141, 144
Kangxi (1661-1722), empereur des Qing, 130-134, 137, 147, 148
Kong Qiu Zhongni (– 551/– 479), Kongzi, Confucius, 10, 17-18, 20, 28, 30, 34-38, 40-45, 58-61, 96-97, 118, 132, 165, 172-175
Kongzi, voir Kong Qiu Zhongni
Koxinga, pirate partisan des Ming renversés, tué en 1680, 131
Kun Can, un des « Quatre moines peintres des Qing », 148

L

Lan Ying, peintre des Ming, École du Zhejiang, 120
Lao She (1899-1966), romancier, 157, 162
Laozi, « Maître Lao », un des fondateurs du taoïsme auteur du *Daodejing*, 38, 40, 46
Laozu, épouse mythique de Huangdi, 18
Li Bai (701-762), poète des Tang, 78, 80, 81, 101, 119

Li Banlong (1514-1570), poète des Ming, 119
Li Baojia (1867-1906), romancier satirique, 146
Li Dazhao, co-fondateur du Parti communiste chinois, avec Chen Duxiu, en 1921, 155
Li Dongyang (1447-1516), poète des Ming, 119
Li Fangying, un des « Huit Excentriques de Yangzhou », 148
Li Fuguo, eunuque et ministre de Suzong des Tang, 76
Li Guangbi, général de Suzong des Tang, 76
Li Hongchang (1823-1901), ministre de Cixi, 140
Li Keyong, allié « barbare de » Xizong des Tang contre Huang Chao, 78
Li Linfu (712-756), ministre de Xuanzong, des Tang, 76
Li Longji (712-756), empereur Xuanzong, des Tang, 75
Li Longmian (1040-1106), peintre des Song du Nord, 99
Li Madou (1552-1611), nom chinois de Matteo Ricci, 123
Li Mengyang (1472-1529), poète des Ming, 119
Li Peng (né en 1928), Premier ministre en 1987, puis président de l'ANP, 166, 168
Li Qingchao, « la plus grande poétesse de Chine », des Song du Nord, 98
Li Rouzhen (1763-1830), romancier « savant », 146
Li Shan, un des « Huit Excentriques de Yangzhou », 148
Li Shangyin (813-858), poète des Tang, 81
Li Shimin (712-756), empereur Taizong des Tang, 73
Li Shizhen, auteur de l'ouvrage de pharmacopée *Bencao gangmu*, 119
Li Si, ministre de Ying Zheng, futur Qin Shihuangdi, 31, 47, 50
Li Yu, lettré auteur du *Ruputuan* et de comédies, XVIIe siècle, 146, 147
Li Yuan (618-626), gouverneur du Shanxi, *Gaozu* des Tang, 73
Li Zhi (649-683), empereur Gaozong, des Tang, 73, 74
Li Zicheng, meneur de la jacquerie qui renverse les Ming en 1644, 126, 127
Lizong (1224-1264), empereur des Song du Sud, 93
Liang Kai (1202-1264), peintre des Song du Sud, 99
Liang Qizhao, réformateur, participe aux « Cent Jours de Guangxu » (1898), 141, 144
Lin Biao ministre de Mao, mène la Révolution culturelle puis trahit Mao et s'enfuit, 161, 163

Lin Chu (XIXe siècle), traduit les romans occidentaux dont il ignore la langue, 145

Lin Yutang (1895-1976), essayiste et romancier, 158

Lin Zexu, fonctionnaire que Daoguang envoie à Canton régler la question de l'opium, 137, 138

Linglun, ministre légendaire de Huangdi, 18

Ling Mengchu, conteur des Ming, 119

Liu An (Ier siècle av. J.-C.), auteur du *Huainanzi*, encyclopédie syncrétique, 59

Liu Bang, *Gaozu* des Han antérieurs, 52

Liu Bei, prince des Han, roi de Shu en 220, 57

Liu E (1857-1909), fonctionnaire lettré auteur du roman *Le Voyage de Laozan*, 146

Liu Shaoqi (1959-1969), militant communiste, président de la RPC, 161, 162

Liu Songnian (1170-1230), peintre des Song du Sud, 99

Liu Xiu (25-57), empereur Guangwudi, *Gaozu* des Han postérieurs, 56

Liu Xun (– 72/– 49), empereur Xuandi des Han antérieurs, 54

Liu Yu, général écrase, en 402 la jacquerie des Cinq Boisseaux de Riz, 68

Liu Zongyuan (773-819), prosateur des Tang, 82

Longqing (1567-1572), empereur des Ming, 115

Lu (–195/–180), impératrice régente veuve de Gaozu des Han, 52

Lu Xun (1881-1936), homme de lettres, militant progressiste, 11, 156, 157

Luo Pin, un des « Huit Excentriques de Yangzhou », 148

M

Ma Gui (1150-1224), peintre des Song du Sud, 99

Ma Lin, peintre des Song du Sud, 99

Ma Yuan, peintre des Song du Sud, 99

Mao Zedong, fondateur de la RPC, 156, 157, 159-164, 169

Mao Ziyuan (XIIe siècle), fondateur du *Bailianjiao*, « Société du Lotus Blanc », 125

Mei Wending (1633-1721), érudit du *Kaozhengxue*, 143

Meixi, perverse dame légendaire de la dynastie des Xia, 20

Mencius (–372/–289), penseur confucéen, 37, 41-45, 59, 118

Meng, surnom de Ge Zhengming *alias* Mencius, 43, 118

Mengzi, « Maître Meng » voir Meng, 45

Mi Fei (1051-1107), peintre des Song du Sud, 99

Mingdi (58-74), empereur des Han postérieurs, 56

Mingzong (1329), empereur des Yuan, 106

Mo (maître) (– 480/– 390), *Mozi*, fondateur du mouvement mohiste, 42-44

Möngke, empereur Yuan de Chine du Nord prédécesseur de son frère Qubilai, 106

Mou, premier Chinois à composer un opuscule qui défende la doctrine bouddhique, 60

Mou Ji, peintre des Song du Sud, 101

Muzong (820-824), empereur des Tang, 77

N

Nagua (Nawa) ou Nugua (Nuwa), femme selon les légendes de Fuxi ou de Yu le Grand, 14

Nalan Xingde (1655-1685), poète des Qing maître du *ce*, 145

Nanwang souverain des Zhou en -309 de la Chine des Royaumes Combattants, 31

Ni Zan (1301-1374), peintre paysagiste, 99

Ningzong (1195-1224), empereur des Song du Sud, 93

Ningzong (1332), empereur des Yuan, 106

Nugua, voir Nagua

Nurhaci (1559-1626), fondateur de la dynastie mandchoue qui prend le pouvoir en 1644, 124

P

Pei Wenzhong, archéologue qui identifia le *Sinanthrope* en 1929, 15

Pingdi (1 av./5 ap. J.-C.), empereur des Han antérieurs, 54

Pu Songling (1630-1715), auteur de *Contes extraordinaires du Pavillon des Loisirs*, 146

Puyi (1908-1912), dernier empereur des Qing, 142, 143, 158

Q

Qi, fils de Yu le Grand, 18

Qi Diao (IVe siècle av. J.-C.), sectateur de Confucius, 43

Qianlong (1735-1796/1799), empereur des Qing, 86, 125, 133, 134-137, 145, 147, 148, 168, 175

Qiang Zheqian (1725-1784) poète, un des « Trois maîtres de la gauche du Fleuve », 145

Qin Shihuangdi (– 221/– 211), le « Premier Empereur », 50, 51

Qubilai (1279-1294), petit-fils de Gengis Khan, empereur Yuan (Shizong en chinois), 94, 106, 107

R

Ran Qiu, disciple de Confucius nommé dans *Lun yu*, 42

Ren Xiong, peintre des Qing, (début du XIXe siècle), 148

Renzong (1023-1063), empereur des Song du Nord, 89, 90

Renzong (1307-1311), empereur des Yuan, 106

Ruizong (684), empereur des Tang, 74, 75

Ruzi Ying (6-8), empereur des Han antérieurs, 54

S

Shangdi, Souverain d'En Haut des confucéens, 96

Shang Yang (– 390/– 338), inspirateur de l'« École des lois », 46, 57

Shen Buhai, théoricien du légisme, 46

Shen Congwen (1902-1988), romancier, 157

Shen Dao, théoricien du légisme, 46

Shen Deqian (1673-1769), grand lettré poète apprécié de Qianlong, 145

Shennong « Auguste » légendaire agriculteur et herboriste, 17, 26, 82, 172

Shenzong (1068-1085), empereur des Song du Nord, 90

Shi Siming (756-762), rebelle battu par les généraux de Suzong des Tang, 76

Shitao (1641-1720), le plus fameux des *Quatre moines peintres des Qing*, 148, 149

Shizong, voir Qubilai, 94

Shun, un des « Cinq Souverains » mythiques, 18, 19, 20, 28, 34, 43, 96

Shundi (1333-1368), dernier empereur des Yuan, 109

Shunzhi (1644-1661), premier des Qing empereur de Chine, 124, 127, 130, 143

Shunzong (805), empereur des Tang, 77

Sima Guang (1019-1186), historien, réformateur « conservateur » des Song du Nord, 90, 91

Sima Qian (– 145/– 86), historien des Han antérieurs, 38, 60, 63

Sima Tan, annaliste des Han antérieurs, père de Sima Qian, 60

Sima Xiangrou, mort en – 117, poète maître du *fu*, 61

Sima Yan (265-290), fondateur de la dynastie des Jin, 66

Songtsan Gambo (Tibétain), époux de Wencheng, princesse des Tang, 73

Su Dongpo, voir Su Zhi, 97, 98, 101

Su Xiun, prosateurs *song*, maître du *guwen*, 97

Su Zhi, *alias* Su Dongpo (1036-1101), le grand poète des Song, fils de Su Xiun, 97

Sui Wendi de Chine du Nord (581-589), puis de Chine (589-604) *Gaozu* des Sui, 72

Sui Yangdi (604-618), empereur des Sui, 72

Sun Quan, roi de Wu au temps des « Trois Royaumes », 57

Sun Yatsen (1866-1925), fondateur de la République de Chine, 18, 140, 154-156, 174

Suzong (756-762), empereur des Tang, 76, 80

T

Taiding (1323-1328), empereur des Yuan, 106

Taikang, souverain légendaire des Xia, petit-fils de Yu le Grand, 20

Taizong (626-649), empereur des Tang, 18, 73, 74, 79, 80, 82

Taizong (976-997), empereur des Song du Nord, 89

Taizu, « ancêtre fondateur », titre de certains fondateurs de dynastie, voir *Gaozu*, 78, 88, 89, 110

Tang, le Victorieux fondateur légendaire de la dynastie des Shang, 20

Tang Xianzu, auteur dramatique, de la fin des Ming, 119

Tang Yin, peintre des Ming, fameux dessinateur, 120

Temüjin, nom de Gengis khan, 95

Teng (prince), interlocuteur de Mencius, 44

Tianhou, « Impératrice du Ciel », nom que se donne l'impératrice Wu, 73, 74

Tianzhu, le « Maître du Ciel » nom chinois donné à Dieu par Matteo Ricci, 123, 132

Tong Yuan peintre des Song du Nord, 99

Tongzhe (1861-1875), empereur des Qing, 140, 141

W

Wan (1465-1488), concubine de Zhengtong des Ming qui manipule son fils Chenghua, 114

Wanli (1573-1620), empereur des Ming, 115, 118, 123
Wang Anshi (1021-1186), révolutionnaire collectiviste néo-confucéen, 90, 91, 93, 97-99
Wang Fu, peintre des Ming, 120
Wang Fuzhi (1619-1692), érudit, 143
Wang Hui (1632-1720), peintre des Qing, un des « Quatre Wang », 148
Wang Jian (1598-1677), peintre des Qing, un des « Quatre Wang », 148
Wang Mang (9-25), usurpateur, 55, 90
Wang Niansun (1744-1832), érudit, 143
Wang Shimin (1592-1680), peintre des Qing, un des « Quatre Wang », 148
Wang Shishen, un des « Huit Excentriques de Yangzhou », 148
Wang Shizhen (1634-1711), poète, maître du *shenyun*, 145
Wang Wei (701-759), peintre et poète des Tang, 80, 81, 83, 84
Wang Yangming (1472-1528), général et penseur confucéen, 114, 118
Wang Yizing (xxe siècle), peintre, 158
Wang Yuanqi (1642-1715), peintre des Qing, un des « Quatre Wang », 148
Wang Zhizheng, peintre des Ming, 119
Wang Zhong (27-100), penseur confucéen, 59
Wang Zongxi (1610-1695), érudit, 143
Wei, épouse de Zhongzong des Tang assassinée en 710, 75
Wei Jingzhen, agitateur condamné à 15 ans de prison en 1980, 165
Wen, roi mythique des Zhou, 28
Wen, des Han, voir Wendi, 52, 59
Wen Boren (xvie siècle), peintre du « Groupe de Suzhou », 120
Wencheng, fille de Taizong des Tang qui apporte le bouddhisme aux Tibétains, 73
Wendi (– 180/– 158), empereur des Han antérieurs, 52, 59
Wendi, empereur de Chine du Nord (581-589) puis de Chine (589-604), des Sui, 72
Wending (1633-1721), érudit de *Kaozhengxue*, 143
Wen Yiduo (xxe siècle), poète fondateur avec Xu Shimo de l'« École de la Nouvelle Lune », 157
Wen Zhengming (xvie siècle), peintre du « Groupe de Suzhou », 120
Wenzong (826-840), empereur des Tang, 77

Wu, roi mythique des Zhou fils de Wen, 28
Wu, des Han, voir Wudi, 52
Wu (impératrice) (626-705), voir Wu Zetian, 74, 75, 79
Wudi (– 141/– 87), empereur des Han antérieurs, 52-54, 58, 60, 61, 63
Wu Ding (– 1198/– 1189), roi semi-légendaire des Shang, 23
Wu Guan, un des généraux qui renversent la dynastie des Qin en -211, 51
Wu Jingzi (XVIIIe siècle), auteur de *Chronique indiscrète des mandarins*, 146
Wu Sangui, général des Ming, ne parvint pas à empêcher l'avènement des Qing, 126, 127, 131
Wu Wei, peintre des Ming, École du Zhejiang, 120
Wu Wuyao (1867-1910), auteur de *Scènes étranges vues depuis vingt ans*, 146
Wu Yangxiu (1007-1072), penseur néo-confucéen, 96-98
Wu Zetian, épouse de Gaozong des Tang, se proclame « empereur » (690-705), 74
Wu Zhao, voir Wu Zetian, 73
Wuzong (840-846), empereur des Tang, 77
Wuzong (1307-1311), empereur des Yuan, 106

X

Xizong (874-888), empereur des Tang, 77, 78
Xia Gui (1180-1234), peintre des Song du Sud, 99
Xia Zhang (1388-1470), peintre des Ming, 120
Xianfeng (1850-1861), empereur des Qing, 136, 139-141
Xianzong (805-820), empereur des Tang, 77
Xiang, petit-fils de Taikang roi légendaire des Xia, 20
Xiangfu (IIIe siècle), sectateur de Mozi, 43
Xiangli (IIIe siècle), sectateur de Mozi, 43
Xiang Yu, officier qui dispute l'empire à Liu Bang *Gaozu* des Han, 52
Xiao (duc) (IVe siècle av. J.-C.), gouverne le Qin et applique les idées légistes de Shang Yang, 46
Xiaozong (1163-1189), empereur des Song du Sud, 93
Xingzong (1031-1055), empereur des Liao, 101
Xiu Daoning, peintre des Song du Nord, 99
Xu (impératrice), épouse de Xuandi des Han antérieurs victime de Huo Xian, 54

Xu Beiwong, peintre, né en 1898, 158
Xu Daxian, peintre père de Xu Beiwong, 158
Xu Guangqi (1562-1633), auteur du *Nongzheng Quanshu*, converti par Matteo Ricci (Paul Xu), 118
Xu Shimo (xxe siècle), poète co-fondateur de l'*École de la Nouvelle Lune*, 157
Xu Wei, peintre des Ming, École du Zhejiang, 120
Xuande (1426-1436), empereur des Ming, 113, 120
Xuandi (– 72/– 49), empereur des Han antérieurs, 53, 54
Xuantong (1908-1912), voir Puyi, 142
Xuanzang (602-644), moine parti en Inde chercher les textes bouddhiques, 79, 119
Xuanzong (712-756), empereur des Tang, 75, 76, 82
Xuanzong (idéogramme initial différent) (846-859), empereur des Tang, 77
Xunzi (– 300/– 237), penseur confucéen d'un pessimiste absolu, 43-46

Y
Yan Fu (1852-1921), écrivain et traducteur de textes étrangers, 144
Yan Ruoqu (1635-1704), érudit du *Kaozhengxue*, 143
Yan Yuan (1635-1704), érudit du *Kaozhengxue*, 143
Yangdi (604-618), second empereur Sui, 72
Yang Jian, voir Sui Wendi, 70
Yang Shankun, président de la RPC 1987-1992, 168
Yang Yuhuan (Yuan Guifei) « Grande Concubine » de Xuanzong (712-756) des Tang, 75, 76
Yang Zhou (iiie siècle), penseur taoïste, 40
Yao, souverain mythique, 18-20, 43, 96
Yao Yilin, vice-Premier ministre dans les années 1980, 167
Yehonala, nom originel de Cixi, 141
Yi (l'archer), héros malheureux de la dynastie des Xia, 20
Yinzhen, voir Yongzheng, 133
Ying Huai, plus jeune fils de Qin Shihuangdi empereur en -211, 51
Ying Zheng, roi de Qin (– 246/– 221), puis *Shihuangdi* (– 221/– 211), 31, 37, 48, 50
Ying Ziying, petit-fils de Shihuangdi, empereur en -209, 52

Yingzong (1064-1067), empereur des Song du Nord, 90

Yingzong (1320-1323), empereur des Yuan, 106

Yizong (859-873), empereur des Tang, 77

Yongle (1403-1424), empereur des Ming, 108, 112-114, 117

Yongzheng (1722-1735), empereur des Qing, 132-134, 137, 147

Yu le Grand, premier souverain légendaire des Xia, 18-20, 31

Yuzi, disciple de Confucius cité dans *Lun yu*, 42

Yuandi (– 49/– 33), empereur des Han antérieurs, 54, 55

Yuan Chonghuan, général qui bat Nurhaci en 1626, 124

Yuan Haowen (XIIIe siècle), poète des Song du Sud, 98, 145

Yuan Kai (1368-1398), poète des Ming, 119

Yuan Ji, voir Shitao, 148

Yuan Mei (1716-1797), poète un des *Trois maîtres de la gauche du Fleuve*, 145

Yuan Shao, aristocrate du Henan, élimine les eunuques en 189, 57

Yuan Shikai (1859-1916), président de la République de Chine, 141, 154, 155

Yuefei, général condamné pour avoir voulu combattre les Jin en 1140, héros national, 93

Z

Zao Wou-ki, peintre sino-français né en 1921, 84, 163

Zeng Guofan (1811-1872), bat les Taiping en 1860, 139

Zengzi, disciple de Confucius, a compilé *Lun yu*, 37, 41

Zexi (IIIe siècle), poète, 61

Zhang Heng (IIe siècle), poète, cartographe et inventeur du sismographe, 61-63

Zhang Hua (IIe siècle), constate et décrit des phénomènes de combustion spontanée , 62

Zhang Juzheng, ministre de Longqing et Wanli des Ming, 115

Zhang Xianzhong, chef d'une des jacqueries qui abattent les Ming, 125, 127

Zhangdi (75-88), empereur des Han postérieurs, 56

Zhang Jiao (IIe siècle), chef des « Turbans jaunes », 57, 79

Zhang Zhidong (1837-1909), ministre de Cixi, 140

Zhao Bojiu, peintre paysagiste des Song du Sud, 99

Zhao Chisin (1661-1744), poète et linguiste, 145

Zhao Kuangyin (960-976), *Taizu* des Song, 89
Zhao Ye (1727-1814), un des *Trois maîtres de la gauche du Fleuve*, 145
Zhao Ziyang, secrétaire général du PCC (1987-1989), 166-168
Zhaodi (– 87/– 73), empereur des Han antérieurs, 53
Zhaoxiang, roi du Qin mort en – 246 père du « Premier Empereur », 31
Zhaozong (889-904), empereur des Tang, 78
Zhezong (1086-1100), empereur des Song du Nord, 91
Zhen Shouren (xxᵉ siècle), peintre, 158
Zhensong (998-1022), empereur des Song du Nord, 89
Zheng He (1371-1433), amiral qui reconnut l'« Ouest de l'Océan », 108, 113, 114
Zheng Yi (1033-1107), penseur néo-confucéen, 96
Zheng Hao (1032-1085), penseur néo-confucéen, 96
Zheng Xie, un des *Huit Excentriques de Yangzhou*, 148
Zhengde (1506-1522), empereur des Ming, 114, 115
Zhengtong (1436-1465), empereur des Ming, 114
Zhong Liang (ivᵉ siècle av. J.-C.), sectateur de Confucius, 43
Zhongzong fils de Gaozong empereur des Tang (683-684 et 705-710), 74, 75
Zhou Bangyan (1056-1121), poète et musicien des Song du Nord, 98
Zhou Enlai (1898-1976), Premier ministre de la RPC (1949-1976), 155, 159, 161-164
Zhou Tanian (1080-1100), peintre des Song du Nord, 99
Zhouxin tyran (fin iiᵉ millénaire), semi-légendaire battu par le roi Wu des Zhou, 28
Zhudi, voir Yongle, 112
Zhu Wan, vice-roi du Fujian et Zhejiang hostile aux Portugais (1547), 122
Zhu Wen, *Taizu* de la dynastie des Liang en 907, renverse les Tang, 78
Zhu Xi (1130-1200), figure majeure du néo-confucéisme, 96, 97, 118, 143
Zhu Yuanzhang, voir Hongwu, 110
Zhu Zaiyu, prince impérial des Ming né en 1536, musicologue, 121
Zhuang Zhou (ivᵉ siècle), penseur taoïste, 40
Zhuo, personnage légendaire de la dynastie des Xia, 20
Zigong, disciple de Confucius cité dans *Lun yu*, 42
Zilu, disciple de Confucius cité dans *Lun yu*, 35

Zisi, petit-fils de Confucius, 37, 41, 43
Zizhang, disciple de Confucius, cité dans *Lun yu*, 42, 43
Zizhuan (IIIe siècle av. J.-C.), sectateur de Confucius, 43
Zu Geng (– 1188/– 1178), fils de Wu Ding, roi des Shang, 24

Pour aller plus loin

À lire

■ Quelques livres sur la Chine

Jacques Gernet, *Le Monde chinois*, Armand Colin, 1972
Anne Cheng, *Histoire de la pensée chinoise*, Seuil, 1997
Jean Levi, *Confucius*, Albin Michel, 2002
Max Kaltenmark, *Lao Tseu*, Seuil, 1965
François Cheng, *Vide et plein, Le langage pictural chinois*, Seuil, 1991
Robert Van Gulik, *La vie sexuelle dans la Chine ancienne*, Gallimard, 1971
Alain Peyrefitte, *De la Chine*, « Bouquins », Robert Laffont, 1999
Xavier Walter, *Pékin Terminus*, François-Xavier de Guibert, 2004
Jacques Guillermaz, *Une Vie pour la Chine*, Robert Laffont, 1989
Simon Leys, *Essais sur la Chine*, « Bouquins », Robert Laffont, 1998
Serge Bésanger, *Le Défi chinois*, Alban/France-Loisirs 1996/2007
Jean-Luc Domenach, *Où va la Chine ?*, Fayard, 2002

■ Quelques livres chinois en français

Les Entretiens de Confucius, traduit par Pierre Ryckmans, Gallimard, 1987
Shi Naian, *Au bord de l'eau*, Pléiade, Gallimard (2 vol.)
Wu Cheng'en, *La pérégrination vers l'Ouest (Xiyou ji)*, Pléiade, Gallimard (2 vol.)

Fleur en fiole d'or (*Jing Ping Mei*), Pléiade, Gallimard (2 vol.)

Li Yu, *De la chair à l'extase* (*Roupoutuan*), Philippe Picquier

Le Cheval de jade, Quatre contes chinois du XVIIe siècle, Philippe Picquier, 1987

Cao Xueqin, *Le Rêve dans le Pavillon rouge*, Pléiade, Gallimard (2 vol.)

Liu E, *Le Voyage de Laozan* (voir Lieou Ngo, *Pérégrinations d'un clochard*, Folio, 1986)

Treize récits chinois, 1918-1949, Philippe Picquier,

Lao She, *Quatre générations sous un même toit*, Folio (3 vol.), 1996

Pa Kin (Ba Jin), *Famille*, Livre de Poche, 1977

Gao Xingjiang (Prix Nobel 2000), *La Montagne de l'âme*, L'aube « Poche », 2000

Ya Ding, *Le Sorgho rouge*, Livre de Poche, 1987

Wei Wei, *Couleur du bonheur* (Denoël, 1996), L'aube « Poche », 2002

Da Sijie, *Balzac et la petite tailleuse chinoise* (Gallimard, 2000), Folio, 2002

Guo Xiaolu, *La Ville de pierre*, Piquier « Poche », 2004/2006

■ Lire aussi les « polars » de :

Robert Van Gulik, *Les enquêtes du juge Ti* – une dizaine de titres – 10/18

Qiu Xiaolong – 3 titres – Seuil « Points »

■ La presse chinoise en français

www.french.xinhuanet.com (l'agence de presse officielle)

french.peopledaily.com.cn (le journal du Parti communiste chinois)

www.chinadaily.com.cn (le grand quotidien chinois de langue anglaise)

www.toutelachine.com (un site français indépendant)

La Chine au présent, 24 Baiwanzhuang Dajie, Beijing, 100037 Chine, lachine@chinatoday.com.cn (revue mensuelle chinoise)

www.taipeisoir.com (quotidien d'information de Taiwan)

À voir

■ Quelques films occidentaux sur la Chine

L'Auberge du Sixième Bonheur, Mark Robson, 1958
Les 55 jours de Pékin, Nicholas Ray, 1963
La canonnière du Yangtsé, Robert Wise, 1966
Le dernier empereur, Bernardo Bertolucci, 1987

■ Quelques films chinois

Le Sorgho rouge, Zhang Yimou, 1988
Épouses et concubines, Zhang Yimou, 1991
Qiu Jiu, une femme chinoise, Zhang Yimou, 1992
Adieu, ma concubine, Chen Kaige, 1993
Rondes de flics à Pékin, Ning Ying, 1995
Shower, Zhang Yang, 1999
Pas un de moins, Zhang Yimu, 1999
L'Empereur et l'assassin, Chen Kaige, 1999,
In the mood for love, Wong Kar-wai, 2000
Tigre et Dragon, Ang Lee, 2000
L'Orphelin d'Anyang, Wang Chao, 2001
Hero, Zhang Yimou, 2002
Blind Shaft, Li Yang, 2003
Voiture de luxe, Wang Chao, 2005
Une jeunesse chinoise, Lou Ye, 2006

Adresses utiles

Ambassade de la République populaire de Chine, 11 avenue George V, 75008 Paris, tél. : 01 47 23 36 77

Service consulaire de l'ambassade, bureau des visas, 18-20 rue de Washington, 75008 Paris, tél. : 01 53 75 88 31

Office du tourisme de Chine, 15 rue de Berri, 75008 Paris, tél. : 01 56 59 10 10, www.otchine.com

Centre culturel de la République populaire de Chine, 1, bd de La Tour-Maubourg 75007 Paris, tél. : 01 53 59 59 20

■ Où préparer son voyage en Chine ?

La Maison de la Chine, place Saint-Sulpice (76 rue Bonaparte), 75006 Paris, tél. : 01 40 51 95 00, Info@maisondelachine.fr

■ Où trouver à Paris livres chinois et livres sur la Chine ?

Librairie Le Phénix, 72 boulevard de Sébastopol, 75003 Paris, tél. : 01 42 72 70 31

Librairie Fenêtre sur l'Asie, 49 rue Gay-Lussac, 75005 Paris, tél. : 01 43 29 44 74

La librairie de l'Asie – Missions Étrangères de Paris, 128 rue du Bac, 75007 Paris, tél. : 01 44 39 10 40

Librairie You Feng

– 45, rue Monsieur le Prince, 75006 Paris, tél. : 01 43 25 89 98

– 66 rue Baudricourt, 75013 Paris, tél. : 01 53 82 16 68

Table des matières

Sommaire	5
Avant-propos	7
La civilisation mère de l'Asie extrême-orientale	10
À l'épreuve de la modernité	11

Chapitre 1 : Préhistoire 13

Préhistoire chinoise 14
    Le paléolithique 15
    Le néolithique 15
Histoire mythique et Antiquité 17
    Les figures mythiques 17

Chapitre 2 : Du mythe à l'histoire 21

Les Shang, ou Yin 22
    Les premiers témoignages écrits 22
    Quel territoire ? 23
    Un pouvoir religieux, pas une théocratie 24
    Et le peuple ? 25
    Des arts et des techniques 26
Les Zhou 27
    Les Xizhou 28
    Les Dongzhou 29

Chapitre 3 : Naissance de la pensée chinoise 33

Confucius 35
    Qui est-il ? 35

    « Maître Kong » 36
    Les « Cinq Classiques » et les « Quatre Livres » 36
Laozi et le *Daodejing* 38
    Maître Lao 38
    Le taoïsme 39
    Zhuang Zhou et Yang Zhou 40
Les héritiers de Confucius 41
    Héritiers directs 41
    Maître Mo 42
    Mencius 43
    Xunzi, pessimiste absolu 45
L'« École des lois » 45
    Shen Buhai, Shen Dao, Shang Yang 46
    Hanfei 46

Chapitre 4 : Le Premier Empire : Qin, Han, Xin, Han **49**
De Ying Zheng à Qin Shihuangdi 50
    Suprématie du Qin 50
    La machine impériale 51
Les Han antérieurs 52
    Trois grands Han 52
    L'ère Xuandi 53
    La fin des Han antérieurs 54
Wang Mang et le « communisme confucéen » 55
Les Han postérieurs 56
    Trois règnes d'expansion 56
    Un siècle de déclin 57
    Le renversement de la dynastie 57
Les Han, les lettres, les arts, les techniques 58
    Nouvelle orthodoxie 58
    La pensée confucéenne authentique 59
    Autres prosateurs 59
    Histoire 60
    Poésie et musique 61
    Sciences et techniques 62

Chapitre 5 : Le « Moyen Âge » (220-589) 65
Les Trois Royaumes et la réunification Jin 66
   Vers la guerre civile 67
Temps barbares (304-589) 67
   Le Sud aux « Six dynasties » 68
   Le Nord aux « Cinq barbares » 68

Chapitre 6 : Les Tang (618-907) 71
Les Sui 72
Les trois premiers Tang 73
   Guerres et paix selon les Tang 73
La parenthèse Zhou 74
Deuxième période Tang et âge d'or Xuanzong 75
Troisième période Tang : crépuscule orageux 76
   L'emprise des généraux eunuques 77
Les lettres, les arts, les techniques 78
   Évolution de la pensée chinoise sous les Tang .. 79
   Le « Grand Siècle de la poésie chinoise » 80
   Musique 82
   Calligraphie et peinture 83
   Les techniques 84

Chapitre 7 : Les Song (960-1279) 87
Des Tang aux Song 88
Les Song du Nord 89
Le commerce extérieur 92
Les Song du Sud 93
Une période féconde 95
   La pensée sous les Song 96
   La poésie 98
   Peinture et sculpture 99
   Céramique et confort 102

Chapitre 8 : Les Yuan (1279-1368) 105
Regard sur la Chine des Yuan 106
   Un système à quatre classes 106
   Splendeur des villes murées chinoises 108

Réaction nationale et bouddhiste 109
    Un chef d'entre les rebelles 110

Chapitre 9 : Les Ming (1368-1644) 111

Deux grands souverains, Hongwu, Yongle 112
    Hongwu 112
    Yongle 113

La situation se dégrade (1436-1522) 114
Le siècle des trois empereurs : Jiajing, Longqing, Wanli 115
Quelle Chine de 1368 à 1644 ? 116
    Évolution sociale 117
    Une activité intellectuelle intense 117
    Les arts au temps des Ming 119

Apparition des Occidentaux 121
    Les Portugais 121
    Arrivée des missionnaires catholiques 122
    Au service de l'Empereur 123

Menace mandchoue et jacqueries 124
    Les Mandchous 124
    Les jacqueries 125
    1644, un jeu de dupes 126

Chapitre 10 : Les Qing (1644-1912) 129

Trois grands Qing 130
    Kangxi 130
    Yongzheng 133
    Qianlong 133

Trois tristes règnes 136
    Jiaqing le névrosé 136
    Daoguang l'infortuné 137
    Xianfeng, épave humaine 139

Une régence qui n'en finit pas : 1861-1908 140
    Qui est Cixi ? 141
    Puyi 142

La pensée et les lettres sous les Qing 143
    La pensée chinoise 143
    Les lettres 145

Les arts plastiques sous les Qing 147
    La porcelaine 147
    La peinture 148
    Une musique fidèle à elle-même 150

Chapitre 11 : La Chine sans Empereur 153

La République de Chine (1912-1949) 154
    Un nationalisme progressiste 154
    Jiang Jieshi jusqu'à la guerre (1925-1937) 156
    Mao et la légende de Yan'an 156
    Pensée et lettres après le « 4-Mai » 157
Invasion japonaise, guerre mondiale et guerre civile 158
    1937-1945 158
    1945-1949 159
Trente ans de maoïsme : une ère de tyrannie 160
    Préliminaires 160
    La Révolution culturelle 161
L'ère Deng Xiaoping (1977-1997) 164
    1978-1988 164
    1989 et après 167

Chapitre 12 : « Dix mille années », ou cent siècles Han 171

Figurations chinoises 172
La pensée confucéenne au cœur 173
La société chinoise 173
Perpétuelle jeunesse de l'histoire 174
Index des noms de personnes 177
Pour aller plus loin 193
Table des matières 197